新装版 😊喜怒哀楽が100%通じる😠

音声
ダウンロード
付

ネイティブ厳選
気持ちを伝える
英会話
まる覚え

ダイアローグで覚える**376**

宮野 智靖 監修　ジョセフ・ルリアス　森川 美貴子 共著
Miyano Tomoyasu　　Joseph Ruelius　　Morikawa Mikiko

Jリサーチ出版

はじめに

●自分の気持ちが100%相手に伝わる

本書『新装版ネイティブ厳選 気持ちを伝える英会話まる覚え』は、大好評を博した前著『新装版ネイティブ厳選 必ず使える英会話まる覚え』の第2弾です。

前著は日常会話で最もよく使われる英会話表現を30のシーン別（300のダイアローグ）で紹介しました。挨拶、自己紹介、日常生活、旅行、レジャー、買い物、ビジネスなどの場面に応じた会話表現を身につけるものでした。それらを踏まえて、次の学習ステップとして求められるのが、自分の気持ちをスムーズに英語で表現できる力です。

本書では自分の気持ちを100%上手に伝えることのできる会話表現をマスターすることを目的としています。自分の気持ちとは「喜怒哀楽」のみならず、「好き嫌い、感謝・謝罪、同意・反対、願望・依頼」や「お祝い・お悔やみ」などにいたるまで、さまざまな気持ちを表すのにピッタリの会話表現を、できるだけ多く集めてみました。

●ネイティブととことん話し合って選んだ厳選表現

本書の英文はすべてアメリカ人のルリアスが作成しました。実際にネイティブスピーカーが日常的に使っているナマの英語です。それらの英文を日本語に訳し、解説をつけたのが日本人の森川です。

目次の項目一覧を見れば一目瞭然ですが、本書では、気持ちを表す表現を「意思」「感情」「感覚」の3つに大別し、それらを89項目に細分化しています。各項目に選んだ4〜6の会話表現はすべてネイティブの立場から、最も頻繁に使われるもの、および重要なのに多くの日本人がマスターできていないものを中心に厳選しました。

中にはすでに馴染みのある会話表現もあるでしょうし、重要表現を復習する良い機会となることでしょう。同時に、「おお、こんな粋な表現もあるのか！」とネイティブ英語の感動を味わいながら、新しい表現を楽しくマスターすることもあるでしょう。

●音声、赤シートでばっちり頭に定着！

本書に収録されているバラエティーに富んだ376のダイアローグを習得すれば、あなたは必ず自分の気持ちを正しく、スムーズな英語で伝えることができるようになります。ダイアローグを単に丸暗記するのではなく、語句のニュアンスや文法にも意識を向けつつ、しっかりと理解して覚えるように心がけてください。

音声ダウンロードを活用して、ダイアローグを何度も何度も繰り返し聞き、徹底的に音読をするようにしましょう。とても覚えやすい短い会話文ばかりですから、全英文を丸暗記できるまでトレーニングを積みましょう。赤シートも付いていますから、音声を聞かず、本だけを通勤・通学中に読む場合は、まずは赤色の部分がスラスラ言えるようになるまで練習してみてください。

気を張らずに楽しく学べる本書は、知らず知らずのうちにあなたの英会話力をアップさせます。「継続は力なり」を信じて、毎日少しずつでもよいので英語学習を継続してください。皆さんの成功を心よりお祈りいたします。

著者一同

本書の構成について

本書はPart 1 感情・Part 2 感覚・Part 3 意思という3部で構成されています。それぞれのPart には下図のように見開きに4つ（または6つ）の会話文とその解説が掲載されています。

目的・状況を表す各テーマのタイトルです。全部で89のテーマがあります。

素敵だ

「素敵だ」に関する表現は多彩です。
いろいろなバリエーションを覚えておきましょう。

1　素敵なレストランだね。 😊 HAPPY

This is a nice restaurant.
素敵なレストランだね。

It's my favorite.
私のお気に入りなんだ。

ここがPOINT!
nice の他に、good や great も「素敵な」という意味のほめ言葉になります。
ここでの favorite は名詞で、「お気に入り」の意味です。

2　なんて美しいお庭かしら！ 😊 HAPPY

What a beautiful garden!
なんて美しいお庭かしら！

It's difficult to manage.
手入れが大変なんだよ。

ここがPOINT!
beautiful は「美しい、素敵な」の意味で、人にも物にも使います。代わりに、wonderful を使うこともできます。manage は「～を管理する」の意味です。

78

ここが**POINT!**
ダイアローグで使われている重要表現について解説しています。感情や感覚には似ている表現が多いので、微妙なニュアンスの違いも説明しています。また、関連表現、文法事項もここでチェックできます。

各テーマのダイアローグ（英語）が収録されている音声トラックナンバーです。対応する1トラックの中にそのシーンの全ダイアローグが収録してあります。（音声トラック2〜90）。

3 素敵なお宅ですね。
😊 HAPPY

You have such a pretty house.
素敵なお宅ですね。

Thank you.
ありがとうございます。

ここがPOINT!
ここでの pretty は、場所を見て「こぎれいな、素敵な」の意味を表しています。代わりに、lovely を使うこともできます。pretty は人に使うと「（顔立ちが）かわいらしい」の意味でしたよね。

4 素敵だね。
😊 HAPPY

Do you like this dress?
このドレス好き？

Yes, it's gorgeous.
うん、素敵だね。

ここがPOINT!
gorgeous は、特に衣服・装飾や景色などを見て「素晴らしい、豪華な、華麗な、見事な」の意味を表す形容詞です。

79

感情表現につきものの喜怒哀楽をイラストで表しています。どんなシチュエーションで使っている表現なのか、一目瞭然でわかります。喜怒哀楽に当てはまらない表現には付いていません。

本書の効果的な学習法

次のSTEP でトレーニングをすれば英会話の習得に効果大！

STEP 0

好きなページからスタートできる！

目次で各項目の見出しを見て、今自分に必要と思える内容から取り組みはじめてもOK。会話で使用頻度の高い表現を選び抜いていますので、必要なときにサッと読み返すだけでも、すぐに実践で使うことができるでしょう。英語を実際に口にすることで、英語力がどんどん身についていきます。

STEP 1

英文を読んで頭に入れる！

覚えやすさを重視した短い会話の例文は、実際によくあるシチュエーションで使えるものばかりです。まずはしっかり英文を読み、日本語訳で意味を確認しましょう。

STEP 2

解説（ここがポイント！）を読んで
迷い・疑問を解消する！

　学校では教わらなかった会話特有の表現も、どうして 例文の
ような表現になるのか、ポイント解説ですっきり理解できます。
感情・感覚に関する表現は似ているけれど微妙にニュアンスが違
うものが多く、いざ実際の会話で使おうとするときに間違ったり
迷ったりしないためにも、ここでポイントをつかんでおきましょ
う。

STEP 3

英語を英語のまま聞き、
会話内容を理解する！

　英語はいったん日本語に訳し直すのではなく、英語のまま聞き、
理解してこそ使えるようになります。音声を聞く場合も、日本語
を思い浮かべることはせず、聞いた英語から意味を想像するよう
に努めましょう。頭の中をいつも英語モードにしてください。

本書の効果的な学習法

STEP 4

音声のネイティブスピーカーを真似する!

　英文を読み、意味・ニュアンスを把握し、ダウンロード音声を聴いたら、いよいよ自分でも英語を口にしてみる番です。やり方は簡単。音声のネイティブスピーカーの声を真似るだけでOK です。最初は真似るといっても難しいかもしれませんが、まずはできるだけ近づこうと努力してみて下さい。それが流暢な英語を話すための第一歩です。

STEP 5

ナチュラルスピードで話すための シャドーイング!

　本書で紹介した英文がだんだん頭に定着してきたら、次はシャドーイングを行いましょう。シャドーイングとは、ネイティブスピーカーの声から少しだけ遅れて追いかけ、影(シャドー)のようにスピーキングすることです。英文がすっかり頭に入っていれば、テキストを見ずにシャドーイングをしてください。耳と口を同時に鍛えることができます。

STEP **6**

赤シートを効果的に使う!

　本書の英文は部分的にカラーが付いています。このカラーの部分は「ネイティブのお決まりフレーズ」であり、「会話の核となる重要表現」でもあります。本書に付属の赤シートを使って、カラーの部分がちゃんと言えるかチェックしましょう。この練習によって、英語をアウトプットする力が身につきます。

STEP **7**

狙った英語は完璧にモノにする!

　最後に、日本語訳を見て、それを英語に直すトレーニングをしましょう。パッと口から英語が出れば、本番（実際の会話）でも堂々と英語を使えるようになります。時間のある方はノートなどに英文を書いてみるのもよいでしょう。英文の構造・文法を文字としてはっきり見て取ることができますので、作文力が身につき、それは必ず会話力も高めてくれるのです。

音声ダウンロードのしかた

STEP 1 音声ダウンロード用サイトに
アクセス！

※https://audiobook.jp/exchange/jresearch を入力するか、右のQRコードを読み取ってサイトにアクセスしてください。

STEP 2 表示されたページから、
audiobook.jpへの会員登録ページへ！

※音声のダウンロードには、オーディオブック配信サービスaudiobook.jpへの会員登録（無料）が必要です。すでに、audiobook.jpの会員の方はSTEP3へお進みください。

STEP 3 登録後、再度STEP1のページにアクセスし、
シリアルコードの入力欄に**「24819」**を入力後、
「送信」をクリック！

※作品がライブラリに追加されたと案内が出ます。

STEP 4 必要な音声ファイルをダウンロード！

※スマートフォンの場合は、アプリ「audiobook.jp」の案内が出ますので、アプリからご利用ください。

※PCの場合は、「ライブラリ」から音声ファイルをダウンロードしてご利用ください。

〈ご注意！〉

●PCからでも、iPhoneやAndroidのスマートフォンやタブレットからでも音声を再生いただけます。

●音声は何度でもダウンロード・再生いただくことができます。

●ダウンロード・アプリについてのお問い合わせ先：info@febe.jp（受付時間：平日10～20時）

新装版ネイティブ厳選
気持ちを伝える英会話まる覚え

Contents

Contents

Contents

Part 3 意 思

Contents

Part
1

感情
EMOTION

「感情」とは喜んだり悲しんだりする心の動き、気持ちのことです。喜怒哀楽などの感情表現が中心となります。

「嬉しい」「楽しい」「面白い」「満足している」「すばらしい」などのポジティブな気持ちを表すものと、「怒る」「さびしい」「うんざりする」「悔しい」「残念だ」などのネガティブな気持ちを表すものと合わせて37項目の感情表現を扱います。

一般的に日本人は人前であまり喜怒哀楽などの感情を表さないため、自分の感情を正直に英語で伝えることが苦手な人が多いようです。しかし、英語では自分の気持ちを、感情を込めて、表情豊かに言い表すことは極めて重要なことです。

悲しい・つらい

「悲しい」や「つらい」という感情を伝えるフレーズです。

1 悲しいよ。

 JOY SAD ANGRY HAPPY

I'm sad.
悲しいよ。

What happened?
どうしたの？

ここがPOINT!

I feel sad. と言っても OK ですが、I'm sad. の方がより直接的・断定的に聞こえます。

2 つらいよ。

 JOY SAD ANGRY HAPPY

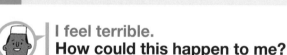
I feel terrible.
How could this happen to me?
つらいよ。なんで僕がこんな目に遭うんだよ？

You're not the only one who is suffering.
苦しいのはあなただけじゃないよ。

ここがPOINT!

terrible には「ひどい／最悪の／恐ろしい」などの意味もありますが、ここでは「気分が悪い」の意味です。feel terrible で「ひどい気持ちがする／つらく思う」の意味を表します。

Part 1 Emotion 感情

3 胸が張り裂けそうよ。

I'm heartbroken.
There is no justice in the world!
胸が張り裂けそうよ。何て不公平な世の中なの！

Well, don't give up yet.
でも、まだあきらめてはだめだよ。

ここがPOINT!

heartbroken は「胸が張り裂けるような、悲しみに打ちひしがれた」の意味で、悲哀・悲嘆を強く表す形容詞です。justice は「公平、正義」の意味です。

4 心はズタズタだよ。

I hear you've been through another heartbreak.
また失恋したんだってね。

Yeah, I'm torn up inside.
ああ、心はズタズタだよ。

ここがPOINT!

heartbreak は「悲嘆、失恋」の意味です。be torn upは tear up 〜（〜をズタズタに引き裂く）の受動態です。ここでは「胸が張り裂ける／心がズタズタだ」の意味になります。

19

寂しい

 「寂しい」「心細い」「孤独だ」という気持ちを伝えるフレーズです。

1 君に会えないと寂しくなるよ。

I'm going to miss you.
君に会えないと寂しくなるよ。

I'm going to miss you too.
私もよ。

ここがPOINT!

今まさに別れようとしているシーンです。I'm going to miss you. は、「あなたがいなくなると、これから寂しくなる」という意味です。恋人、友達、家族などに使える決まり文句です。

2 一人きりでは寂しいわ。

I feel lonely.
一人きりでは寂しいわ。

Living by yourself is a lonely thing.
ひとり暮らしは寂しいものだよ。

ここがPOINT!

feel lonely は「（一人きりで）寂しい／心細い」の意味です。living by oneself は「ひとり暮らし」の意味です。

3 一人になると、とても寂しくなるの。

When I'm alone, I feel very sad.
一人になると、とても寂しくなるの。

Why is that?
なんで？

ここがPOINT!

2のlonely は「一人ぼっちで寂しい」ですが、alone は「一人で（つまり、他の人と一緒にいない）」という意味です。よって、**I'm alone but not lonely.**（一人だけど寂しくない）とも言えるわけです。

4 私、ホームシックなの。

I'm homesick.
私、ホームシックなの。

Then, call your family.
じゃあ、家族に電話しなよ。

ここがPOINT!

homesick は「ホームシックの」の意味です。故郷の家族を思い出して寂しくなる気持ちを表す語です。**I really miss my family back home.**（故郷の家族がとても恋しい）と言ってもOK です。

 落ち込む

 Download 04

「憂鬱だ」「むなしい」など「落ち込む」気持ちを伝えるフレーズです。

1 落ち込んでいるんだ。

 I feel down.
落ち込んでいるんだ。

 Don't you lose heart.
気を落とさないで。

ここがPOINT!

feel down と lose heart はどちらも「落ち込む／気が滅入る／気分がへこむ」の意味です。Don't you lose heart.（気を落とさないで）は、人をはげますフレーズです。**Don't lose heart.** と言っても同じ意味を表します。

2 落ち込んでるの。

 I'm depressed.
落ち込んでるの。

 Tomorrow will be better. Don't worry.
明日はもっと良くなるさ。心配するなよ。

ここがPOINT!

1の down よりも、さらに落ち込みの激しい場合に使うのが depressed（落ち込んだ、意気消沈した）です。

3 憂鬱だよ。

 I'm feeling blue.
憂鬱だよ。

 It's Monday. No wonder.
月曜日ね。無理もないわ。

ここがPOINT!

feel blue（憂鬱だ、気がふさいでいる）は少しくだけた言い方です。休み明けの月曜日は、特に憂鬱に思う人が多いことから、よく**blue Monday**（憂鬱な月曜日）と呼ばれます。

4 むなしいわ。

 I feel empty.
むなしいわ。

 What's wrong?
どうしたの？

ここがPOINT!

feel empty は「空っぽに感じる⇨むなしさを感じる」の意味で、心にぽっかりと穴が開いたような気持ちを伝えるフレーズです。

心配・不安だ

「心配だ」「不安だ」「怖い」という感情を伝えるフレーズです。

1 それは心配だわ。

That worries me.
それは心配だわ。

You're worrying over nothing.
悩むほどのことではないよ。

ここがPOINT!

他動詞としての worry は「〜を心配させる、悩ませる、苦しめる」の意味です。That worries me. の代わりに、I'm worried. と言っても OK です。worry over nothing は「つまらない心配をする」の意味です。

2 とても不安なんだ。

I feel very anxious.
とても不安なんだ。

It'll be all right.
大丈夫よ。

ここがPOINT!

feel anxious は「不安（心配）を感じる、気がかりだ」の意味です。「〜が不安（心配）だ」は、I feel anxious about 〜と言います。anxious は、まだ起きていないことについての不安を表す語です。

3 私、ルーシーのことがとても心配なの。

I'm very concerned about Lucy.
私、ルーシーのことがとても心配なの。

She looks depressed these days.
彼女、最近元気がないよね。

ここがPOINT!

concerned は「心配している、気にしている」の意味で、過去のこと・現在のこと・未来のことについての心配を表す語です。

4 怖いよ。

I'm scared.
怖いよ。

Don't be a chicken.
ビクビクしないで。

ここがPOINT!

scared（怖がって、おびえて）は、心配を越えておびえている状態を表す語です。人を主語にして I'm scared. か、物を主語にして It's scary. と言います。chicken を形容詞として使う場合は、Don't be chicken. と言います。

25

かわいそう

Download
06

「かわいそう」「気の毒だ」と同情する気持ちを伝えるフレーズです。

1 かわいそうに。

 Harold has been on medical leave from his job.

ハロルドは病気で休職中だ。

 That's too bad.

かわいそうに。

ここがPOINT!

on medical leave は「病気により休職中で」の意味です。That's too bad. は「かわいそう／お気の毒に／それは残念だ」などと同情を表す決まり文句です。

2 それは気の毒ね。

 I lost my wallet.

財布をなくしちゃったよ。

 I'm sorry to hear that.

それは気の毒ね。

ここがPOINT!

I'm sorry. は「ごめんなさい」と謝るだけでなく「お気の毒に」と同情する表現にもなります。I'm sorry to hear that.（それはお気の毒に）は、相手や第3者の不幸を聞いたときに使います。

3 かわいそうに。

I lost my passport.
パスポートをなくしたの。

I feel for you.
かわいそうに。

ここがPOINT!

I feel for ~は「~に同情する」の意味なので、I feel for you. は「同情します／お察しします⇒かわいそうに」の意味になります。代わりに、**I sympathize with you.** と言ってもOK です。

4 かわいそうに。

I flunked the math test.
数学のテストを落としちゃったよ。

Poor you.
かわいそうに。

ここがPOINT!

〈Poor＋人〉で「かわいそうな~」という意味です。Poor Frank.（かわいそうなフランク）のように使います。Poor you. の代わりに、**You poor thing.** と言うこともできます。

悔しい・残念だ

「後悔している」「悔しい」「残念だ」という気持ちを伝えるフレーズです。

1 自分のしたことを悔やんでいます。

 I'm sorry for what I did.
自分のしたことを悔やんでいます。

 What's done is done.
もう済んだことは仕方がありません。

ここがPOINT!

be sorry for ～は「～を後悔している／～を申し訳なく思っている」の意味です。**You'll be sorry.**（後悔するぞ⇨覚えておけ）や **It's too late to be sorry.**（後悔先に立たず）も覚えておきましょう。

2 今になってそのことを後悔しているよ。

 Why did you drop out of college?
どうして大学を中退したの？

 I don't know, but I regret it now.
よくわからないけど、今になってそのことを後悔しているよ。

ここがPOINT!

regret は「～を後悔する」の意味です。**I regret what I did.**（自分のしたことを後悔している）や **You'll regret it later.**（後で後悔することになるぞ）のように使います。

3 悔しいよ。

How did your driving test go?
運転免許試験はどうだった？

I'm frustrated. I failed by one point.
悔しいよ。１点足りなくて不合格だったんだ。

ここがPOINT!

I'm frustrated. は「悔しい／歯がゆい」の意味です。**How frustrating!**
と言うこともできます。

4 残念なことだ！

Nobody helped me.
誰も助けてくれなかったんだ。

What a shame!
残念なことだ!

ここがPOINT!

What a shame! は「残念なことだ！／ひどい話だ！」の意味の決まり文句
です。**What a bummer!** も同じ意味です。

詫_わびる

軽い謝罪か深い謝罪なのか、それにより表現をしっかり使い分けましょう。

1 ごめんなさい。

JOY SAD ANGRY HAPPY

You're late again!
また遅刻かよ！

I'm sorry.
ごめんなさい。

ここがPOINT!

軽く謝るだけなら Sorry. でもOKです。I'm sorry. の sorry の前に so や very、terribly などの副詞を入れることで謝罪の気持ちを強めることができます。

2 ゆるしてちょうだい。

JOY SAD ANGRY HAPPY

Forgive me. I didn't mean to say that.
ゆるしてちょうだい。そんなことを言うつもりじゃなかったの。

That's okay. I forgive you.
いいって。ゆるすよ。

ここがPOINT!

forgive は「（人の罪など）をゆるす」の意味です。Please forgive me. と言われたら、I forgive you. と言って相手をゆるすわけです。

3 ここにお詫び申し上げます。

Please accept my apologies.
ここにお詫び申し上げます。

Certainly.
わかりました。

ここがPOINT!

Please accept my (sincere) apologies. はビジネスの場などで丁寧に謝罪するときに用います。日常生活ではもっと簡単に I apologize. や I apologize for that. と言えばOK です。

4 もう二度と致しません。

Don't make the same mistake twice.
同じ過ちを二度繰り返さないように。

I won't do it again.
もう二度と致しません。

ここがPOINT!

I won't do it again. の代わりに、**It won't happen again.** や **I won't let it happen again.** と言うこともできます。

失望した

Download
09

「がっかりした」「気を落とす」など「失望した」ことを伝えるフレーズです。

---

1 君には失望したよ。

You let me down.
君には失望したよ。

I'm sorry.
ごめんなさい。

ここがPOINT!

〈let 人 down〉は「(人)を失望させる、がっかりさせる」の意味です。let ～ down は、disappoint とほぼ同じ意味なので、You let me down. の代わりに、**You disappointed me.** とも言えます。

---

2 あなたにはがっかりだわ。

I'm disappointed in you.
あなたにはがっかりだわ。

You have me all wrong.
それはひどい誤解だよ。

ここがPOINT!

be disappointed は「がっかりする、失望する」の意味です。後に人がくる場合、前置詞は in を使います。事柄がくる場合には、前置詞は at や about を使うことが多いです。

3 落ち込まないでね。

My boss was not pleased with my proposal.

上司は僕の企画を気に入らなかったんだ。

Don't let it bother you.

落ち込まないでね。

ここがPOINT!

Don't let it bother you. は「そんなことで落ち込んでは駄目だ／そんなことを気にしちゃ駄目だ」の意味の決まり文句です。あるいは、1を応用して、**Don't let yourself down.** と言ってもOK です。

4 がっかりだよ。

I heard you lost your job.

職を失ったんだってね。

Yes, I'm devastated.

うん、もうがっかりだよ。

ここがPOINT!

devastated は「精神的に打ちのめされた／ひどくショックを受けた」の意味です。I'm devastated by 〜の形で使うことが多いです。**What a bummer!**（ああ、がっかりだ！）と言うこともできます。

つまらない

 「退屈だ」「うんざりする」など「つまらない」という感情を伝えるフレーズです。

1 退屈だなあ。

I'm bored.
退屈だなあ。

Why don't you read a book or something?
本でも読んだらどう？

ここがPOINT!

bored は「退屈した／つまらない／うんざりした」の意味です。主語自身の感情を述べるときに使うため、I'm bored. と言うと「退屈だなあ、つまんないなあ」の意味になります。

2 とてもつまらないよ。

How is Professor Gill's philosophy class?
ギル教授の哲学のクラスはどう？

I tell you, it's very boring.
とにかく、とてもつまらないよ。

ここがPOINT!

boring（退屈な、つまらない）は、つまらない物や人について説明するとき使います。**The movie was boring.**（その映画はつまらなかった）や **He is a boring person.**（彼は退屈な人だ）のようにです。

34

3　あくびをするほど退屈だったよ。

 Did you enjoy the play?
その劇は楽しかった？

 It was a real yawn.
あくびをするほど退屈だったよ。

ここがPOINT!

動詞の yawn は「あくびをする」の意味ですが、これを名詞で使うと「(あくびが出るほど)退屈な物・人」の意味を表します。It was a real yawn. の代わりに、**It was a yawner.** とも言えます。

4　本当につまんないらしいわよ。

 I bought his latest novel yesterday.
昨日、彼の最新小説を買ったんだ。

 I heard it's as dull as dishwater.
本当につまんないらしいわよ。

ここがPOINT!

イギリスの as dull as ditchwater(溝の水のように淀んでいてけだるい)が、アメリカに伝わって as dull as dishwater(皿洗いの水のように退屈だ)に変わったイディオムです。「実につまらない／ひどく退屈だ」の意味です。

カッコ悪い

 「ダサい」「キモい」など「カッコ悪い」ものを表現するフレーズです。

1 カッコ悪いよ。

Why don't I wear this for the party?
パーティーにこれを着て行こうかな？

It looks bad.
カッコ悪いよ。

ここがPOINT!

look bad は「格好悪い、見てくれが悪い」の意味です。It looks bad. の bad を、terrible や awful にするとより格好悪さの度合いが強調されます。もちろん、**It doesn't look good.** でもOK です。

2 ダサく見えるわ。

How do you like my outfit?
この服どう？

It looks tacky.
ダサく見えるわ。

ここがPOINT!

outfit は「服装一式」の意味です。tacky は「ダサい、センスの悪い、安っぽい」の意味です。**dweeby** や **frumpy** も同じ意味を表す語です。

36

3 ロイってダサいわね。

Roy is dorky.
ロイってダサいわね。

Just accept him as he is.
そのまま受け入れてやれよ。

ここがPOINT!

dorky は形容詞で、「ダサイ、イモっぽい、田舎くさい、マヌケな、役立たずの」の意味です。その名詞が dork（ダサい奴、イモ、流行遅れ、マヌケ）で、He is a dork.（彼はダサい奴だ）のように使います。

4 あの人キモいわ。

That guy looks gross.
あの人キモいわ。

Maybe, but that doesn't mean he's a bad person.
そうかもしれないけど、だからと言って彼が悪い奴だというわけじゃないからね。

ここがPOINT!

gross（気持ち悪い⇨キモい）は、disgusting と同じ意味です。
Maybe, but ～（そうもしれないけど～）は、いったん相手の言い分を認めながらも反対意見を言いたいときによく使います。

うしろめたい

「自己嫌悪」「罪悪感」などの「うしろめたい」気持ちを伝えるフレーズです。

1 悪いことしちゃったわ。

You hurt Betty's feelings with your comment.
君が言ったことで、ベティーは傷ついたよ。

I feel so bad about that.
悪いことしちゃったわ。

ここがPOINT!

I feel bad (about ~). は「心苦しい感じがする⇨悪いことをしてしまった」の意味で、罪悪感や後味の悪さを表すフレーズです。

2 とても心苦しいよ。

You hurt Nancy's feelings.
あなた、ナンシーの気持ちを傷つけたわよ。

I feel terrible.
とても心苦しいよ。

ここがPOINT!

I feel terrible. は、1の I feel bad. よりも強いニュアンスを表し、「とても心苦しく思っている／ひどく後悔している」の意味です。terrible の代わりに、awful を使うこともできます。

3 それでも罪悪感を感じるんだ。

That's not your fault.

それはあなたのせいじゃないよ。

Still, I feel guilty.

それでも罪悪感を感じるんだ。

ここがPOINT!

I feel guilty. は「罪悪感を感じる／自責の念にかられる」の意味です。後ろに名詞が続くときには、I feel guilty about [for] 〜の形がよく用いられます。

4 自己嫌悪を感じているんだ。

Why did you treat her like that?

何で彼女をそんなふうに扱ったの？

I don't know. I'm disgusted with myself.

わかんないよ。自己嫌悪を感じているんだ。

ここがPOINT!

I'm disgusted with myself. は、自分自身に対して disgusted with 〜（むかついている）わけですから、「自己嫌悪を感じている／自分が嫌になった／我ながら情けない」の意味となります。

疑わしい

「信じられない」「怪しい」など、疑わしい感情を伝えるフレーズです。

1 怪しいのよ。

Why didn't you accept the offer?
どうして申し出を引き受けなかったの？

It smelled fishy. It must be a scam.
怪しいのよ。きっと詐欺だと思うわ。

ここがPOINT！

smell fishy は「うさんくさい、疑わしい」の意味です。fish（魚）の生臭いにおいから連想できますね。It smelled fishy. の代わりに、**It was a bit iffy.** や **It sounded shady.** と言ってもOK です。

2 何かうさんくさいわ。

I smell a rat here.
何かうさんくさいわ。

Don't be misled by false rumors.
デマに惑わされないようにね。

ここがPOINT！

smell a rat は「ネズミのにおいをかぎつける⇨うさんくさいと思う、怪しいと感じる」の意味です。be misled by 〜は「〜に惑わされる」、false rumorは「デマ」の意味です。

Download
13

3 これについては何から何までおかしいよ。

Nothing about this adds up at all.
これについては何から何までおかしいよ。

I have no idea what's wrong with it.
私には何がおかしいのか分からないけど。

▶ ここがPOINT!

at all は否定文で「全く～ない」、add up は「意味を成す、納得がいく、つじつまが合う」の意味です。それが一緒になると、「全くおかしい、まるでつじつまが合わない」の意味になります。

4 何か怪しい気がするの。

Something is rotten in the state of Denmark.
何か怪しい気がするの。

I have my doubts, too.
僕も疑っているよ。

▶ ここがPOINT!

Something is rotten in the state of Denmark. は、シェイクスピアの『ハムレット』のセリフで、「何かが怪しい」という意味の慣用句です。I have my doubts. は「私は疑念を持っている」の意味です。

恥ずかしい

「恥じる」「恥をかいた」「恥ずかしがり屋」など、いろいろな恥ずかしい気持ちを伝えるフレーズです。

1 自分が恥ずかしいよ。

How come you didn't help her out?
どうして彼女を助けてあげなかったの？

I don't know. I'm ashamed of myself.
わからない。自分が恥ずかしいよ。

ここがPOINT!

be ashamed of ～（～を恥じている）は、良心の呵責から恥じることを意味します。高齢者に席を譲らなかった若者なら、後になって I'm ashamed of myself. と反省するかもしれません。

2 すごく恥ずかしいよ。

Your fly is open.
社会の窓が開いているわよ。

Oops. I'm so embarrassed.
やべえ。すごく恥ずかしいよ。

ここがPOINT!

flyは「ズボンのチャック、社会の窓」の意味です。I'm embarrassed.（恥ずかしい）は1とは違って、自分の失態により恥をかいてしまったときに言う決まり文句です。

3　穴があったら入りたいくらい恥ずかしいよ。

Don't let it get to you.
気にしちゃダメよ。

I wish I could hide under a rock.
穴があったら入りたいくらい恥ずかしいよ。

ここがPOINT!

I wish I could hide under a rock. は恥ずかしくて人に顔を見られたくないときに使う決まり文句で、**I wish I could disappear.** や **I wish I could crawl into a hole.** とも言います。

4　彼は少し恥ずかしがり屋なの。

Mike is really unfriendly.
マイクって本当に無愛想だね。

He's a bit shy.
彼は少し恥ずかしがり屋なの。

ここがPOINT!

unfriendly は「無愛想な」の意味です。shy は「恥ずかしがり屋の、はにかみ屋の、内気な」の意味で、それよりも少し堅い語が **bashful** です。

 驚いた

 ショックを受けたり混乱したりで「驚いた」感情を伝えるフレーズ。
驚きにもいろいろな種類があります。

1 君が入って来て、びっくりしただけだよ。

What's with you?
どうしたの？

I was just surprised when you walked in.
君が入って来て、びっくりしただけだよ。

ここがPOINT!

驚きを表すのに最もよく使うのが I was surprised 〜の形です。それよりも大きな驚きを表すには、I was astonished 〜や I was astounded 〜などをよく使います。

2 驚きだわ！

Chapman won the election.
チャップマンが選挙に勝ったよ。

What a surprise!
驚きだわ！

ここがPOINT!

win the election は「選挙に勝つ」の意味です。surprise は「驚き」の意味の名詞です。それを感嘆文で用いたのが、What a surprise!（これは驚きだ！／これはたまげた！／何とまあ！）です。

3 ショックだよ。

 Johnny was killed in a car accident.
ジョニーが自動車事故で亡くなったの。

 I know. I'm shocked.
知ってるよ。ショックだよ。

ここがPOINT!

shocked は「ショックを受けて／驚いて／衝撃を受けて」の意味の形容詞
です。ここの I'm shocked. は、I'm shocked to hear that. と言うことも
できます。

4 唖然として返す言葉もなかったわ。

 Did you say anything back to him?
彼に何か言い返したの？

 **I was so dumbfounded that I couldn't say
a thing.**
唖然として返す言葉もなかったわ。

ここがPOINT!

I was dumbfounded.（非常にびっくりした／唖然とした）は、あっけ
にとられて言葉を失う感じです。**I was speechless.** をはじめ、**I was
flabbergasted.** や **I was in stunned silence.** も同じ意味です。

意外だ

Download 16

想定外のことに対して「意外だ」という感情を伝えるフレーズです。

1 あなたがそんなことを言うなんて意外ね。

I don't care what happens to me.
もう僕はどうなってもいいんだよ。

It's surprising to hear that coming from you.
あなたがそんなことを言うなんて意外ね。

ここがPOINT!

It's surprising ~は、It's surprising to hear [learn] ~（~を聞いて［知って］驚きだ／意外だ）と It's surprising to me that ~（~は私にとって驚きだ／意外だ）の形でよく用いられます。

2 全く予想外のことが起こったんだ。

Something totally unexpected happened.
全く想定外のことが起こったんだ。

What?
何なの？

ここがPOINT!

totally は「全く」、unexpected は「想定外の」の意味です。Something totally unexpected（全く予想していなかった何か）が、この文の主語になっています。

46

3 意外な所でお会いしましたね。

Fancy meeting you here.
意外な所でお会いしましたね。

Yeah, I didn't expect to see you either.
ええ、私もあなたに会うとは思ってもみませんでした。

ここがPOINT!

Fancy meeting you here. は「意外な所でお会いしましたね／こんな所で
会うなんて奇遇ですね」という意味です。それに対して、I didn't expect
to see you either. で同じことを返しているわけです。

4 こんな日が来るとは思いもしなかったよ。

This is goodbye.
これでお別れよ。

I never thought I'd see the day.
こんな日が来るとは思いもしなかったよ。

ここがPOINT!

This is goodbye. は、もうこれからしばらく、あるいは永遠に会えない場
合に言う別れの言葉です。I never thought (that) 〜は「まさか〜とは思
わなかった／〜とは意外だ」の意味です。

人が苦手・嫌い

人が「苦手」「嫌い」であることを伝えるフレーズです。

1 ターニャは嫌い。

I dislike Tanya.
ターニャは嫌い。

She is easily misunderstood.
彼女って誤解されやすいんだ。

ここがPOINT!

dislike は「～を嫌う」の意味です。もう少し柔らかめに言えば **I don't like Tanya.**（ターニャは好きではない）、強めに言えば **I hate Tanya.**（ターニャは大嫌いだ）となります。

2 パトリックって本当にウザいね。

Patrick is really annoying.
パトリックって本当にウザいね。

He rubs me the wrong way too.
彼は私の神経も逆なでするのよね。

ここがPOINT!

annoying は「うっとうしい、気に障る」の意味で、まさに「ウザい」にぴったりの語です。〈rub 人 the wrong way〉は、「（人）の神経を逆なでする」の意味です。

3 あなたには本当にうんざりなのよ。

Why have you been avoiding me?
なんで僕のことを避けてるの？

I've had it up to here with you.
あなたには本当にうんざりなのよ。

ここがPOINT!

I've have had it up to here は、よく首の所に手を水平に当てて言うセリフで、「我慢はもうここ（首）まで来ている⇨もう我慢できない／もううんざりだ」の意味を表します。

4 モニカって苦手なの。

I have bad chemistry with Monica.
モニカって苦手なの。

She has her good points, though.
いいところがあるんだけどねえ。

ここがPOINT!

ここでの chemistry は「化学」ではなく、「相性」という意味です。have bad chemistry with ~ で「~と相性が悪い」の意味です。**There's no [bad]chemistry between Monica and me.** とも言えます。

49

物事が嫌い

 物事が「嫌い」「苦手」ということを伝えるフレーズです。

1 体を動かすのが嫌いなの。

Do you work out?
運動してる？

No, I don't like physical activity.
いいえ、体を動かすのが嫌いなの。

ここがPOINT!

I don't like ～は「～が好きではない」の意味です。通常は、～の部分に名詞または動名詞を置きます。work out は「（ジムなどで）運動をする」、physical activity は「身体活動、運動」の意味です。

2 仕事は嫌だわ。

I dislike work.
仕事は嫌だわ。

You're not the only one.
君だけじゃないよ。

ここがPOINT!

I dislike ～（～が嫌だ）は、I don't like ～よりは嫌な気持ちが強く、hate ほどは強い嫌悪感を持たない表現でしたね。 You're not the only one. は「あなただけではない」の意味です。

3 暑いのは嫌い。

I can't stand hot weather.
暑いのは嫌い。

You hate the cold, too.
寒いのも大嫌いなんでしょ。

ここがPOINT!

can't stand ～は「～には我慢できない⇨～は嫌いだ」の意味です。hate は「～をひどく嫌う、～が大嫌いだ」の意味でしたね。

4 大の苦手なの。

You should study math more.
もっと数学を勉強すべきだよ。

I'm allergic to it.
大の苦手なの。

ここがPOINT!

be allergic to ～は「～にアレルギーがある／～が大の苦手である／～が大嫌いだ」の意味です。allergic は allergy（アレルギー）の形容詞形です。

51

やりきれない

「耐えられない」「もううんざりだ」など、やりきれない気持ちを伝えるフレーズです。

1　もうここで働くのには耐えられない。

I can't stand working here.
もうここで働くのには耐えられない。

Do you want to change jobs?
転職したいの？

ここがPOINT!

「〜するのは耐えられない、〜するに忍びない」は、I can't stand -ing、または I can't stand to do で表現できます。**I can't bear to do**（= I can't bear -ing）も同じ意味を表します。

2　もう我慢できないよ。

I can't take it anymore.
もう我慢できないよ。

You should let your stress out somehow.
ともかくストレスを発散しなきゃ。

ここがPOINT!

I can't take [stand] it. は「もう我慢できない、もう耐えられない」の意味です。それに anymore を加えて「もうこれ以上〜できない」となります。let 〜 out は「〜を外に出す」の意味です。

Download
19

3 書類仕事にはうんざりだ。 JOY SAD ANGRY HAPPY

 I'm sick of paperwork.
書類仕事にはうんざりだ。

 But you have to do it.
でも、やらないといけないのよ。

ここがPOINT!

be sick of 〜で「〜にうんざりしている／〜に飽き飽きしている」の意味です。他に同じ意味で、be tired of 〜や、さらに強調した be sick and tired of 〜という表現もあります。

4 こんな単調な生活にはうんざりよ。 JOY SAD ANGRY HAPPY

 I'm fed up with such a monotonous life.
こんな単調な生活にはうんざりよ。

 You need some excitement.
ちょっとした刺激が必要だね。

ここがPOINT!

be fed up with 〜（〜にうんざりしている／〜に飽き飽きしている）は、3の be sick of 〜と同じ意味です。monotonous は「単調な」の意味です。

うらやましい

相手に「うらやましい」「ねたましい」という感情を伝えるフレーズです。

1 うらやましいわ。

I got a raise.
昇給したよ。

I'm envious.
うらやましいわ。

ここがPOINT!

envious は単に「うらやましそうな」の意味で、悪いイメージのない語です。
be envious of ~（~をうらやましく思う）の形もよく使いますので、**I'm envious of you.** とも言えます。

2 ボブはあなたをねたんでいるわ。

Bob is jealous of you.
ボブはあなたをねたんでいるわ。

Is that because I won the lottery?
それって僕が宝くじに当たったから？

ここがPOINT!

jealous は1の envious とは異なり、「ねたんだ、嫉妬した、やきもちを焼いた」の意味で、かなり悪いイメージを持つ語です。win the lottery は「宝くじに当たる」の意味です。

3 うらやましいなあ。

I have a day off tomorrow.
明日は休みを取るんだ。

I wish I were you.
うらやましいなあ。

ここがPOINT!

a day off は「(平日に取る) 休み」の意味です。I wish I were 〜は「〜だったらいいのになあ」の意味です。よって、I wish I were you. は「私があなただっだらなあ⇨うらやましいなあ」となります。

4 何で君なんだよ。

I'm going with the CEO on an overseas trip.
私、社長の海外出張に同行するんだよ。

Why you?
何で君なんだよ。

ここがPOINT!

CEO (= chief executive officer) は「最高経営責任者」、overseas trip は「海外出張」の意味です。Why you? は「何であなたなの？ ⇨あなたばっかりずるいよ」と相手をうらやましがるフレーズです。

懐かしい

 「懐かしい」「恋しい」という気持ちを伝えるフレーズです。

1 懐かしいわ。

Is this you when you were younger?
これって若いときの君?

Yes, it brings back memories.
そう、懐かしいわ。

ここがPOINT!

bring back memories は「いろいろな思い出がこみ上げてくる⇨懐かしい／昔を思い出す」の意味です。思い出はいくつかあるはずなので、memories（複数形）で使います。

2 昔の仕事が懐かしいよ。

I really miss my old job.
昔の仕事が懐かしいよ。

Are you unhappy with your current one?
今のには満足していないの?

ここがPOINT!

miss は「～が懐かしい／～がなくて寂しい」の意味で、人にも物にも使います。be unhappy with ～は「～に満足していない」の意味です。current one の one は job を指しています。

3 あの頃が懐かしいなあ。

Those were the days.
あの頃が懐かしいなあ。

You're a bit sentimental.
ちょっと感傷的になっているのね。

ここがPOINT!

Those were the days. は「あの頃が懐かしい／あの頃はよかった」の意味です。**Those were the good old days.** とも言います。その反対は、**Those were the bad old days.**（あの頃は苦しかった）です。

4 懐かしくてつけてみたの。

Isn't this a song from 30 years ago?
これって30年前の歌じゃない？

Yeah, I was feeling nostalgic so I put it on.
そうよ、懐かしくてつけてみたの。

ここがPOINT!

ノスタルジア（nostalgia＝郷愁）という語はよく聞きますね。その形容詞を使って、feel nostalgic と言えば、「懐かしいと思う／郷愁を感じる」の意味となります。

緊張している

「ドキドキ」「ハラハラ」「そわそわ」など、緊張を伝えるフレーズです。

1 緊張しているよ。

I'm nervous.
緊張しているよ。

Just relax!
リラックスして！

ここがPOINT!

I'm nervous. は「緊張している／あがっている」の意味です。「緊張している」状態は、tense や uptight などの形容詞でも表現できますが、最もよく使われるのがこの nervous です。

2 ドキドキしてるわ。

One song and then you're on.
あと1曲で、君の出番だよ。

I've got butterflies in my stomach.
ドキドキしてるわ。

ここがPOINT!

〈I have got = I've got〉です。have butterflies in one's stomach は「複数の蝶が胃の中でふわふわ飛んでいる⇨胸がドキドキする／そわそわと落ち着かない／緊張で胃がキリキリする」の意味です。

58

---

3 心臓がドキドキしているよ。

What a scary movie!
なんて怖い映画なの！

My heart is pounding.
心臓がドキドキしているよ。

ここがPOINT！

動詞の pound は「（心臓が）激しく鼓動する、ドキドキ（バクバク）する」の意味です。**My heart is beating fast.** と言っても、「心拍が速くなっている⇨心臓がドキドキしている」を表せます。

4 今朝からずっと気が気でないんだ。

What's the matter?
You got ants in your pants?
どうしたの？そわそわして落ち着かないの？

I have been feeling uneasy since this morning.
今朝からずっと気が気でないんだ。

ここがPOINT！

get [have] ants in one's pants は「ズボンの中にアリがいる⇨そわそわして落ち着かない」の意味です。feel uneasy も同じく、「そわそわする、気が気でない」の意味です。

うれしい

 英語でもうれしさや喜びをストレートに表現できるといいですよね。

1 また君に会えてうれしいよ。

I'm glad to see you again.
また君に会えてうれしいよ。

Me too.
私もよ。

ここがPOINT!

〈I'm glad to do〉は「～してうれしい」の意味です。**I'm happy [pleased/ delighted] to see you again.** と言うこともできます。Me, too. の代わりに、**I'm glad to see you (again), too.** でもOK です。

2 それはよかった。

I'm getting along well in my new job.
新しい仕事はうまくいってるわ。

I'm happy to hear that.
それはよかった。

ここがPOINT!

get along well in ～は「～がうまくいく」の意味です。〈I'm happy to do〉は、上の〈I'm glad to do〉と同じ意味です。I'm happy to hear that. は「それを聞いてうれしいです⇨それはよかった」を意味します。

3 君が戻ってきてうれしいよ。

It's good to have you back.
君が戻ってきてうれしいよ。

Thanks. I'm glad to be back.
ありがとう。私も戻って来れてうれしいわ。

ここがPOINT!

うれしさを表現するのに、いつも主語を I'm にする必要はありません。主語を It's にして〈It's good [great, nice] to do〉の形を使うこともできるのです。

4 やったあ!

I made it! I passed the test.
やったあ！テストに合格したよ。

You did it!
やったね！

ここがPOINT!

自分が何かに成功してうれしいときには I made it! や I did it! と喜びを表すとよいでしょう。相手が何かに成功してそれを喜ぶときには主語をYou にして、You did [made] it! と言えばOK です。

満足している

何かに対して「満足している」ことを伝えるフレーズです。

1 本当に満足してるわ。

How do you like your new car?
新しい車はどう？

I'm really satisfied with it.
本当に満足してるわ。

ここがPOINT!

be satisfied with ~は「~に満足している」の意味です。反対に「~に不満である」であれば、be not satisfied with ~や be dissatisfied with ~ と言います。

2 とても満足してるよ。

So, how do you like your new house?
それで、新居はどう？

I'm really happy with it.
とても満足してるよ。

ここがPOINT!

happy は「幸せな／うれしい」という意味だけでなく、「満足している」ことも表現できます。be happy with [about] ~で「~に満足している／~を気に入っている」の意味を表すのです。

3 満足してるわ。

This might have been a disappointing result for you.
これは君にとって残念な結果だったかもしれないけど。

No, I'm pleased with it.
いいえ、満足してるわ。

ここがPOINT!

disappointing は「失望させる、残念な」の意味です。be pleased with 〜も2の be happy with 〜と同じく、「〜に満足している／〜を気に入っている」の意味を表します。

4 平穏な暮らしには満足してますよ。

How's life in the countryside treating you?
田舎暮らしはどうですか？

I'm content with leading a quiet life.
平穏な暮らしには満足してますよ。

ここがPOINT!

1の be satisfied with 〜は「それ以上望むところがないほど〜に満足している」の意味ですが、be content with 〜は「〜の現状に一応（ほどほどのところで）満足している」のニュアンスを持っています。

楽しい

 「楽しい」という感情をうまく伝えられたら、相手も喜んでくれるはずです。

1 とても楽しかったわ。

How was your trip?
旅行はどうだった？

I had a great time.
とても楽しかったわ。

ここがPOINT!

I had a great time. の代わりに、**I [really] had a good time.** と言ってもOK です。今まさに楽しんでいる場合には、**I'm having a great time.** と言うとよいでしょう。

2 とても楽しかったよ。

How was the picnic?
ピクニックはどうだった？

I had a lot of fun.
とても楽しかったよ。

ここがPOINT!

fun（楽しみ）は不可算名詞です。「今日は楽しかったです」であれば、I had fun today. と言います。I had a lot of fun. の代わりに、**I had so much fun.** と言うこともできます。

3 新しい人に会えて楽しいわ。

Are you enjoying the party?
パーティーを楽しんでる？

Yes, I'm enjoying meeting new people.
ええ、新しい人に会えて楽しいわ。

ここがPOINT!

I'm enjoying の後に meeting という動名詞がきています。enjoy は目的語として動名詞しか取らない動詞だからです。

4 最高に楽しかったよ。

Did you enjoy the festival?
フェスティバルは楽しかった？

I had a blast.
最高に楽しかったよ。

ここがPOINT!

blast（とても楽しいとき）は、ネイティブスピーカーが日常会話で非常によく使うくだけた語です。have a blast（思いっきり楽しむ）の形で使います。

おもしろい

 「おもしろい」と言ってもいろいろな意味があるので、語の選択に注意が必要です。

1 それはおもしろいね。

Nancy is going to Egypt next month.
ナンシーは来月エジプトに行くのよ。

That's interesting.
それはおもしろいね。

ここがPOINT!

interesting は「人の興味・関心・好奇心をそそるからおもしろい」のニュアンスです。『枕草子』でも使われていた「いとおかし」（= とても趣が深い）に近いのではないでしょうか。

2 彼女は気さくで、おもしろい人よ。

What kind of person is Jenny?
ジェニーってどんな人？

She's friendly and funny.
彼女は気さくで、おもしろい人よ。

ここがPOINT!

funny は「笑いを誘うようでおもしろい／こっけいでおもしろい」のニュアンスです。よって、「おもしろい冗談」は a funny joke と言うわけです。

3 話がとてもおもしろいのよ。

Why do you recommend this book?
何でこの本がお勧めなの？

The story is very humorous.
話がとてもおもしろいのよ。

ここがPOINT!

humorous は「ユーモアがあっておもしろい」のニュアンスで、funny に
かなり近い語です。humorous の名詞が humor（ユーモア、滑稽さ）ですね。

4 とてもおもしろいミュージカルだったの。

Did you go see a play last night?
昨夜劇を観に行ったの？

Yes, it was an entertaining musical.
ええ、とてもおもしろいミュージカルだったの。

ここがPOINT!

go see は、go and see または go to see のくだけた言い方です。
entertaining は「人の心をなごませるようでおもしろい」のニュアンスです。
book（本）や show（ショー）も entertaining になり得ます。

67

おかしい

 「おかしい」には「こっけいだ」「笑える」「変だ」「筋が通らない」などいろいろな意味があります。

---

1 彼のジョークは本当におかしかったわ。

 My stomach hurts from laughing so hard.
笑い過ぎておなかが痛いよ。

 His jokes were so hilarious.
彼のジョークは本当におかしかったわ。

ここがPOINT!

hilarious は「とてもおかしい、実に愉快な、爆笑ものの」の意味です。

---

2 すっごくおかしいわね。

 That's really funny.
すっごくおかしいわね。

 Yeah, I can't stop laughing.
うん、笑いが止まらないよ。

ここがPOINT!

すでに「おもしろい」の2で funny は扱いましたが、「滑稽で笑いたくなるようなおもしろさ」に対して「おかしい」という場合にも、この funny がピッタリです。〈can't stop -ing〉は「～せずにはいられない」の意味です。

3 それはおかしいなあ。

I saw Jack and his wife at the mall this afternoon.

午後にショッピングモールでジャックと奥さんを見たわ。

That's strange.
He called in sick this morning.

それはおかしいなあ。彼は今朝病欠の電話をしてきたんだよ。

ここがPOINT!

Jack は仮病を使ったようですね。That's strange. は「それは変（奇妙、不思議）だ⇒それはおかしい」の意味で、**That's weird.** や **That's odd.** と同じです。call in sick は「病欠の電話を入れる」の意味です。

4 おかしいね。

Dean wants to quit his job and become a professional baseball player.

ディーンは仕事を辞めて、プロ野球選手になりたいのよ。

That's nonsense.

おかしいね。

ここがPOINT!

That's nonsense. は「馬鹿げた話だ／くだらないね⇒おかしいね」の意味で、人の愚かな言動・行為に対して使う決まり文句です。**That makes no sense.** や **What nonsense!** と同じ意味です。

ありがとう

人に感謝するときにも感謝の度合いで表現が変わってきます。

1 助けてくれてありがとう。

Thank you for your help.
助けてくれてありがとう。

No sweat.
お安いご用よ。

ここがPOINT!

Thank you for ～（～をありがとう）は感謝を表す最も典型的な言い方です。
No sweat. は「汗をかかない⇨お安いご用だ」の意味でお礼への返答に使われます。**No problem.** と同じ意味です。

2 ありがとう。それはありがたいわ。

Shall I give you a ride?
車で送りましょうか？

Thank you. I'd appreciate it.
ありがとう。それはありがたいわ。

ここがPOINT!

give ～ a ride は「（人）を車で送る」の意味です。I'd appreciate it. は「そうしていただけるとありがたいです」の意味で、丁寧に感謝の意を表す決まり文句です。

3 ご親切にどうも。

You dropped this back there.
あちらでこれを落とされましたよ。

That's very kind of you.
ご親切にどうも。

ここがPOINT!

That's very kind of you. は、親切にしてもらったことに対する決まり文句です。**That's nice of you.** と言うこともできます。

4 恩に着るわ。

Don't worry. I'll take care of it.
心配しないで。それは僕に任せて。

I owe you one.
恩に着るわ。

ここがPOINT!

take care of ～は「～を処理する」の意味です。owe は「（人）に借りがある」の意味です。I owe you one. は「恩に着るよ／借りができたね／ありがとう」の意味のカジュアルな表現です。

71

興奮した

ワクワクしたり、興奮したりの感情を伝えるフレーズです。

1 とてもワクワクするわ。

The curtain will go up soon.
もうすぐ開幕だよ。

I'm so excited.
とてもワクワクするわ。

ここがPOINT!

I'm excited の代わりに、I'm getting excited. と言えば「興奮してきた⇨ワクワクしてきた」くらいのニュアンスです。It を主語にすれば、It's exciting.（それはワクワクします）となります。

2 すごく興奮したよ。

It was a breathtaking view.
息をのむような眺めだったね。

It really blew my mind.
すごく興奮したよ。

ここがPOINT!

breathtaking は「息をのむような、すごい」の意味です。〈blow one's mind〉は「（人）を興奮させる／ワクワクさせる／圧倒させる」の意味です。**It really blew me away.** と言うこともできます。

3 ワクワクするよね。

Let's ride the roller coaster.
ジェットコースターに乗りましょうよ。

OK. It'll give us a thrill.
いいよ。ワクワクするよね。

ここがPOINT!

「ジェットコースター」は、英語では roller coaster と言います。〈give 〜 a thrill〉は「〜をワクワクさせる」の意味です。名詞の thrill には「スリル、ワクワク感、身震い」の意味があります。

4 ハワイへ行くのにワクワクしているの。

I'm stoked about going to Hawaii.
ハワイへ行くのにワクワクしているの。

Is this your first trip there?
そこへ初めてなの？

ここがPOINT!

be stoked about 〜は「〜に興奮している／〜にワクワクしている／〜を楽しみにしている」の意味です。trip there は trip to Hawaii のことを指しています。

 すごい

「すごい」には「すごくよい」ものと「すごく悪い」ものの2通りがありますね。

1 すごくおいしいよ。

 JOY SAD ANGRY HAPPY

How do you like the soup?
スープはどう？

It is awesome.
すごくおいしいよ。

ここがPOINT!

awesome は「すごい、最高の、素晴らしい」の意味で、非常によく使われるほめ言葉です。この場合は、**It is really great.**や **It is fantastic [fabulous].** と言ってもOK です。

2 彼ってすごいね。

 JOY SAD ANGRY HAPPY

Mr. Parker will give all of his profits away to charity.
パーカーさんはすべての収益を慈善団体に寄付するのよ。

He's amazing.
彼ってすごいね。

ここがPOINT!

amazing はすでに「カッコいい」の4で扱いましたが、ここでは外見ではなく、人物（人となり）が「感心するほど素晴らしい⇨すごい」ことを表しています。

3 二階からすごい物音が聞こえたわ。

I heard a terrible noise coming from upstairs.

二階からすごい物音が聞こえたわ。

I'm going to see what it was.

何だったのか見に行ってくるよ。

ここがPOINT!

terrible は「すさまじい、ひどい、最悪の、ぞっとする⇒すごい」の意味の形容詞で、awful と同じく、「よくないこと」に対して使われる語です。

4 すごく混んでるよ。

It's awfully crowded.

すごく混んでるよ。

We should have avoided rush hour.

ラッシュアワーを避けるべきだったわね。

ここがPOINT!

awfully は「すごく、ひどく、恐ろしく」の意味の副詞で、very のインフォーマルな言い方です。terribly と同じく、「よくないこと」を強めるのに使われます。

 感動した

「感動した」「心打たれた」「ジーンときた」など心が動かされたことを伝えるフレーズです。

1 とても感動したわ。

It was a fascinating lecture.
素晴らしい講演だったね。

I was really impressed.
とても感動したわ。

ここがPOINT!

fascinating は「素晴らしい」、lecture は「講演」の意味です。
be impressed は「感動する、感心する、感銘を受ける」の意味です。It really got to me.（本当に感動しました）と言ってもOK です。

2 僕は彼らの親切さに感動したよ。

Did you hear what the Andersons did?
アンダーソン一家のことを聞いた？

Yes. I was moved by their kindness.
うん。僕は彼らの親切さに感動したよ。

ここがPOINT!

moved は「感動した、心を動かされた」の意味です。ここでは、be moved by ～（～に感動する）の形で使われています。kindness は「親切（な行為）」の意味です。

3 私、胸がいっぱいだわ。

I feel so lucky to have met you.
君に会うことができて本当に幸運だよ。

I'm touched.
私、胸がいっぱいだわ。

ここがPOINT!

be touched（感動する、ジーンとくる、胸を打たれる）は、be moved と同じ意味です。**I'm deeply touched.**（私は深く感動しています）と言えば、より意味が強調されます。

4 あなたの心遣いに胸がいっぱいだわ。

You can count on me anytime.
いつでも僕を頼りにしてよ。

I'm overwhelmed by your thoughtfulness.
あなたの心遣いに胸がいっぱいだわ。

ここがPOINT!

You can count on me. は「任せて／当てにしていいよ」の意味の決まり文句です。be overwhelmed は「圧倒される、打ちのめされる」の意味で、良いことにも悪いことにも使われます。

「素敵だ」に関する表現は多彩です。
いろいろなバリエーションを覚えておきましょう。

1 素敵なレストランだね。

JOY SAD ANGRY HAPPY

This is a nice restaurant.
素敵なレストランだね。

It's my favorite.
私のお気に入りなんだ。

ここがPOINT!

nice の他に、good や great も「素敵な」という意味のほめ言葉になります。
ここでの favorite は名詞で、「お気に入り」の意味です。

2 なんて美しいお庭かしら！

JOY SAD ANGRY HAPPY

What a beautiful garden!
なんて美しいお庭かしら！

It's difficult to manage.
手入れが大変なんだよ。

ここがPOINT!

beautiful は「美しい、素敵な」の意味で、人にも物にも使います。代わりに、
wonderful を使うこともできます。manage は「〜を管理する」の意味です。

3 素敵なお宅ですね。

You have such a pretty house.
素敵なお宅ですね。

Thank you.
ありがとうございます。

ここがPOINT!

ここでの pretty は、場所を見て「こぎれいな、素敵な」の意味を表しています。代わりに、lovely を使うこともできます。pretty は人に使うと「(顔立ちが) かわいらしい」の意味でしたよね。

4 素敵だね。

Do you like this dress?
このドレス好き?

Yes, it's gorgeous.
うん、素敵だね。

ここがPOINT!

gorgeous は、特に衣服・装飾や景色などを見て「素晴らしい、豪華な、華麗な、見事な」の意味を表す形容詞です。

カッコいい

Download
33

 「ハンサム」「イケてる」など「カッコいい」ものを表現するフレーズです。

1 グレッグはハンサムだけど意地悪ね。

Greg is handsome but awfully mean.
グレッグはハンサムだけど、意地悪ね。

You certainly know him well.
君、よくわかってるね。

ここがPOINT!

handsome は「ハンサムな、顔立ちのいい」、awfully は「とても、すごく」、mean は「意地悪な」の意味です。handsome は、特に男性の顔立ちについて使うことが多いです。

2 彼ってカッコいい。

He is good-looking.
彼ってカッコいい。

He works as a model.
モデルをしているんだよ。

ここがPOINT!

good-looking は「ルックスのよい、格好いい」（=nice-looking）の意味です。a good-looking guy（イケメン）や a good-looking girl（美人、かわいい女の子）のように男女共に使えます。

80

3　アランって超カッコいいわ。

Alan is so cool.

アランって超カッコいいわ。

I don't think he is your type.

君のタイプではないと思うけど。

ここがPOINT!

cool は「カッコいい、イケてる、素晴しい」の意味で、人にも物にも使えます。どちらかと言うと若者が多用する語です。hot にも同様の意味があります。

4　リンダ、君ってイケてるよ。

You look amazing, Linda.

リンダ、君ってイケてるよ。

You can't impress me with flattery.

お世辞を言っても無駄よ。

ここがPOINT!

amazing は「驚くほど素晴しい、見事な⇨イケてる」の意味で、人にも物にも使えます。impress は「～を感動させる、感心させる」、flattery は「お世辞」の意味です。

# 誇らしい

</br>

人や物を「誇らしい」と思う感情を伝えるフレーズです。

---

1 あなたを誇りに思うわ。

 JOY SAD ANGRY HAPPY

I won the top prize.
僕、最高賞をもらったよ。

I'm proud of you.
あなたを誇りに思うわ。

ここがPOINT!

be proud of ～は「～を誇りに思う／～を自慢に思う」の意味です。I'm proud of you. は言う相手によって、「あなたを誇りに思うわ／本当に偉いね／さすがはお前だ」などの意味が考えられます。

---

2 君が誇らしいよ。

 JOY SAD ANGRY HAPPY

I just became the top salesperson in my company.
私は会社で売上1位になったばかりなんだ。

You make me proud.
君が誇らしいよ。

ここがPOINT!

salesperson は「販売員」の意味です。〈make 人 proud〉は「（人）を誇らしい気持ちにさせる」の意味で、この場合の make は使役（～させる）の意味を表します。

3 とても誇りに思うわ。

Your hometown was chosen as "The Most Beautiful Town."

君の故郷が「最も美しい町」に選ばれたんだね。

That's right. I take great pride in it.

そうなの。とても誇りに思うわ。

ここがPOINT!

take pride in ～は「～を誇りに思う／～に誇りを持つ／～を自慢に思う」の意味です。これをさらに強調するために、よく great を加えて、take great pride in ～の形で用います。

4 私は自分の分野で可能な限り一番になれるように、誇りを持って頑張っているの。

I pride myself on striving to be the best I possibly can in my field.

私は自分の分野で可能な限り一番になれるように、誇りを持って頑張っているの。

You're a true professional.

君は正真正銘のプロだよ。

ここがPOINT!

pride を動詞で使って、pride oneself on ～とすると「～を誇りに思う／～を自慢する」の意味になります。be proud of ～よりも少し堅い表現です。pride oneself on -ing（～することを誇りに思う）の形でよく使います。

83

物事が好き

物事に「関心がある」「夢中である」「はまっている」ことを伝えるフレーズです。

1 私、ボランティアにとても興味があるの。😌😣😠😌 JOY SAD ANGRY HAPPY

I'm very interested in volunteering.

私、ボランティアにとても興味があるの。

Good. You know what they say, "Without action, nothing happens."

いいねえ。よく言うじゃない、「行動しなければ、何も始まらない」って。

ここがPOINT!

be interested in ～で「～に興味がある／～に関心がある」の意味で、非常によく使われます。volunteering は「ボランティア」、action は「行動」の意味です。

2 ジャズにはまっているんだ。😌😣😠😌 JOY SAD ANGRY HAPPY

I'm into jazz.

ジャズにはまっているんだ。

Do you have a favorite group?

お気に入りのグループはあるの？

ここがPOINT!

be into ～は「～に夢中になっている／～にのめり込んでいる」の意味です。非常に簡単で使いやすいフレーズですね。**I'm caught up in jazz.** や **I'm taken in by jazz.** という言い方も可能です。

84

3 ゴルフに夢中なんだよ。

I'm really keen on golf.
ゴルフに夢中なんだよ。

It costs a lot, doesn't it?
お金がかなりかかるでしょ？

ここがPOINT!

be keen on ～は「～に夢中になっている／～に没頭している」の意味です。
on の後には、名詞あるいは動名詞が用いられます。

4 私ってネット中毒だと思うわ。

I think I'm addicted to the Internet.
私ってネット中毒だと思うわ。

You should limit the amount of time you spend online.
インターネットの接続時間を制限した方がいいよ。

ここがPOINT!

be addicted to ～は「～に夢中になっている／～の中毒になっている」の
意味です。 be hooked on the Internet を使って、言い換えることもで
きます。

人が好き

Download
36

「友達として」「恋愛対象として」などいろいろな「好き」がありますね。

1 彼のことは好きだよ。

Ted is a nice guy.
テッドっていいやつだよね。

Yeah, I like him.
うん、彼のことは好きだよ。

ここがPOINT!

like は「〜を好む、〜が好きだ」の意味です。それ以上の恋愛感情には、love（〜が大好きだ、〜を愛している）を用います。I like him. の代わりに、**I'm fond of him.** と言うこともできます。

2 彼女はすごいよ。

She is a lovely woman.
彼女は素敵な人ね。

Yes, I admire her.
うん、彼女はすごいよ。

ここがPOINT!

admire は「〜を敬愛する、ほめる、崇拝する」の意味です。like（〜が好きだ）や respect（〜を尊敬する）に加えて、「すごい／素晴らしい」という賞賛をも含んだ語です。

3 君に恋してるんだ。

I'm in love with you.
君に恋してるんだ。

Let's just be friends.
ただの友達でいましょう。

ここがPOINT!

be in love with ～は「～に恋している」の意味です。単に、I love you. と
言ってもOK です。ちなみに、I fell in love with her at first sight. なら、
「彼女に一目ぼれした」の意味になります。

4 彼はナオミにぞっこんだよ。

He is crazy about Naomi.
彼はナオミにぞっこんだよ。

Hot love is soon cold.
熱しやすい恋はすぐに冷めるものよ。

ここがPOINT!

be crazy about ～は「～に夢中になっている／～にぞっこんである」の意
味です。be mad about ～も同じ意味です。Hot love is soon cold.（熱
しやすい恋は冷めやすい）は有名なことわざです。

5 フレッドは私の好みだわ。

Fred is my type.
フレッドは私の好みだわ。

Stay away from him.
彼はやめておいた方がいいよ。

ここがPOINT!

one's type は「～の好みのタイプ」の意味です。反対に、「フレッドは私の好みではありません」なら、**Fred is not my type.** と言えばOK です。

6 彼って理想の相手だわ。

He's my dream date.
彼って理想の相手だわ。

Why don't you start talking to him, then?
じゃあ、彼に話しかけてみたらどう？

ここがPOINT!

one's dream date は「～の夢のデート相手⇨～の理想の相手」の意味です。

怒る

「腹が立つ」「頭に来る」「ムカつく」など、怒りの感情を伝えるフレーズです。

1 彼が知ったら怒るだろうな。

We shouldn't say anything to Ted about it.
そのことはテッドには秘密にしておかないとね。

He'll get angry if he finds out.
彼が知ったら怒るだろうな。

ここがPOINT!

angry は「怒って、腹を立てて」の意味で、「怒り」を表す形容詞として最も広く用いられる語です。get angry を使えば、「すぐにキレる」なら get angry too easily と表現することができます。

2 あなたってムカつくわね。

JOY SAD ANGRY HAPPY

You make me mad.
あなたってムカつくわね。

Why?
なんでだよ？

ここがPOINT!

〈make 人 mad〉は、「（人）を怒らせる」の意味です。mad（頭にくる／いら立つ）は1の angry のくだけた語で、通常は軽い気持ちで用います。

89

3 奴にはマジでムカつくよ。

Is he always like that? What arrogance!
彼っていつもあんな感じ？何よあの態度！

I'm really upset with him.
奴にはマジでムカつくよ。

ここがPOINT!

arrogance は「傲慢さ」の意味です。upset には「腹を立てて／動揺して／混乱して」などいろいろな意味がありますが、会話の中で「怒り」を表すのにbe upset の形で非常によく使われます。

4 ジーンは機嫌が悪いわよ。

Jean is in a bad mood.
ジーンは機嫌が悪いわよ。

We'd better stay away from her.
彼女には近寄らないほうがいいな。

ここがPOINT!

be in a bad mood は「機嫌が悪い／ご機嫌斜めだ」の意味です。その反対は、be in a good [great] mood（機嫌がいい）です。stay away from ～は「～を避ける」の意味です。

5　短気を起こさないで。

 Don't lose your temper.
短気を起こさないで。

 I'm going to tell him off.
奴に文句を言ってやる。

ここがPOINT!

lose one's temper は「短気を起こす、カッとなる、腹を立てる」の意味です。
temper は「気分、機嫌」の意味です。tell 〜 off は「〜に文句を言う／〜
を叱りつける」の意味を表します。

6　カールって短気だな。

 Karl has a hot temper.
カールって短気だな。

 Yes. He's very moody.
ええ。とっても気分屋よ。

ここがPOINT!

have a hot temper は「短気である、怒りっぽい」の意味です。日本語では「雰
囲気がよいこと」を「ムーディー」と言いますが、英語の moody は「気分
屋の、むっつりした」の意味なので、要注意です。

譲る

 人に道を譲ったり、自分が後でも構わないこと伝えたりするときに使えるフレーズです。

1 どうぞ。

May I go first?
先に行ってもいいですか。

Go ahead.
どうぞ。

> **ここがPOINT!**
>
> ここでの Go ahead.は「先へ進んでください⇨お先にどうぞ」の意味を表します。

2 お先にどうぞ。

After you.
お先にどうぞ。

Thank you.
ありがとう。

> **ここがPOINT!**
>
> 人に道や順番を譲るときの決まり文句が After you.（お先にどうぞ）です。その返答は、Thank you.（ありがとうございます）または **No, after you.**（いいえ、あなたからどうぞ）となります。

92

3 お先にどうぞ。

You go first.
お先にどうぞ。

That's kind of you.
ご親切に。

ここがPOINT!

Go ahead. や After you. と同じく、You go first.（あなたが先にどうぞ）もどちらが先に行くか相手と譲り合っているときによく使う決まり文句です。That's kind [nice] of you. は「ご親切に」の意味です。

4 私は次でいいですよ。

Now it's your turn.
さあ、あなたの番ですよ。

Mine can wait.
私は次でいいですよ。

ここがPOINT!

It's your turn.（あなたの番ですよ）は、相手に順番が来たことを知らせるときに使う決まり文句です。Mine can wait. は「私のは後でいいですよ⇨お先にどうぞ」の意味です。もっと簡単に、**I can wait.** と言ってもOK です。

伝わりにくい気持ち表現 (1)

　相手と良好な関係を築くために「ねぎらう気持ち」や「感謝する気持ち」を素直に伝えるのは、どこの世界でも大切なことである。日本語には、仕事を終えて帰る人に向けて「お疲れ様でした」やビジネス相手に対して「お世話になりました」など、まるで挨拶のように交わされる特有の表現がある。これらを英訳するのはなかなか難しい。「お疲れ様でした」は、Have a nice evening. や See you tomorrow. と言うのが自然である。場合によっては、You must be tired. と言うことも可能だ。「お世話になりました」にも様々な訳し方があるが、Thank you for all your help [trouble]. が最も頻繁に使われる。

　また、お土産を渡すときに日本語では「つまらないものですが、どうぞ」と一言添えることが多い。これを直訳して This is a trivial thing, but please accept it. と言ってしまうと、人によっては「自分でつまらないと思う物をなぜ私に渡すんだ？」と不快に感じられる場合がある。英語では This is for you. I hope you like it.（これをどうぞ。気に入ってもらえるといいのですが）とストレートに言うのが一般的だ。英語でも丁寧な謙遜表現を使いたいとあれば、Here's a little something for you.（ほんの心ばかりの物ですが）と言えばよい。

　このように自分の気持ちを英語で伝えるときは、相手の言語・文化に最もふさわしい言い方に変換する必要がある。日本語からの直訳ではネイティブに伝わらないばかりか、誤解を招くことも多いのである。

 まとめチェックテスト

ここまで学んだ表現が自然と口から出てくるまで何度も練習しましょう！

1 私は自分の分野で可能な限り一番になれるように、誇りを持って頑張っているの。
I pride myself on striving to be the best I possibly can in my field.

2 私、ボランティアにとても興味があるの。
I'm very interested in volunteering.

3 私ってネット中毒だと思うわ。
I think I'm addicted to the Internet.

4 彼女はすごいよ。
I admire her.

5 胸が張り裂けそうよ。
I'm heartbroken.

6 心はズタズタだよ。
I'm torn up inside.

7 君に会えないと寂しくなるよ。
I'm going to miss you.

8 落ち込んでいるんだ。
I feel down.

9 憂鬱だよ。
I'm feeling blue.

10 怖いよ。
I'm scared.

⓫ かわいそうに。
That's too bad.

⓬ それは気の毒ね。
I'm sorry to hear that.

⓭ 悔しいよ。
I'm frustrated.

⓮ 残念なことだ!
What a shame!

⓯ ゆるしてちょうだい。
Forgive me.

⓰ 落ち込まないでね。
Don't let it bother you.

⓱ がっかりだよ。
I'm devastated.

⓲ ダサく見えるわ。
It looks tacky.

⓳ あの人キモいわ。
That guy looks gross.

⓴ とても心苦しいよ。
I feel terrible.

Part 2

感 覚
Sense & Feeling

「感覚」とは光・音・におい・味・寒温・触などの刺激を感じる
働きと意識、さらには美醜や善し悪し・相違 などを感じとる心
の働きと感受性のことです。

ここでは、視覚・聴覚・嗅覚・味覚・触覚など、いわゆる「五感」
(five senses) を表す感覚表現を中心に扱います。

自分の感覚を大切にして、感じたことを表現力豊かに表すように
練習していきましょう。人とは違う自分の感覚を素直に描写する
ことが大切です。

 気分がよい

👆 「気分がよい」ことを表現するフレーズもいろいろありますよ。

---

1 最高よ。 JOY

How are you feeling, Helen?
ヘレン、気分はどうだい？

I feel great.
最高よ。

ここがPOINT! ......

「気分がいいです」は、I feel great [good]. と言います。それより前に気分が悪かった場合には、**I feel (much) better.**（気分がよくなりました）と答えればよいでしょう。

---

2 気分がいいわ。 JOY

I'm in a good mood.
気分がいいわ。

Did something good happen?
何かいいことがあったの？

ここがPOINT! ......

be in a good mood は「気分がいい、機嫌がいい」の意味です。good を great に変えてもOKです。その反対は、**be in a bad mood**（不機嫌である、気分が悪い）です。

3 気分は最高さ。

How do you feel today?
今日の気分はどう？

I woke up refreshed. I feel like a million dollars.
さわやかな目覚めだったよ。気分は最高さ。

ここがPOINT!

wake up refreshed は「爽快な気分で目覚める」の意味です。like a million dollars [bucks] は「絶好調で、素晴しく」の意味なので、I feel like a million dollars [bucks]. で「気分は最高だ」となります。

---

4 温泉でリラックスするのって気持ちいいよね？

Isn't it refreshing to relax in a hot spring?
温泉でリラックスするのって気持ちいいよね？

Yeah, there is nothing better than that.
ええ、最高よね。

ここがPOINT!

refreshing は「気分をすっきりさせる、気分をリフレッシュできる、すがすがしい」の意味です。There is nothing better than ～は「～よりよいものはない⇨ ～は最高だ」の意味です。

Part
2

Sense&Feeling 感覚

体調がよい

「体調がよい」「元気である」ことを伝えるフレーズです。

1 このところ体の調子がかなりいいの。 HAPPY

I've been feeling pretty well lately.
このところ体の調子がかなりいいの。

That's good.
それはよかった。

ここがPOINT!

feel well は「体調がよい、体の具合がよい」という意味です。

2 あなたっていつも元気ね。 HAPPY

You are always healthy.
あなたっていつも元気ね。

I'm health-conscious.
健康に気を使っているからね。

ここがPOINT!

healthy は「健康な、元気である、健全な」の意味の形容詞ですね。health-conscious は「健康志向の、健康を意識した」の意味の形容詞です。

3 調子はいいわ。

HAPPY

How's your health?
体の調子はどう？

I'm in good shape.
調子はいいわ。

ここがPOINT!

How's your health? は、相手の体調を聞く決まり文句です。be in good [great] shape は「体調が良い、快調である」の意味です。その反対は、be in bad shape（調子が悪い）です。

4 体調が本当にいいんだ。

HAPPY

I feel really fit.
体調が本当にいいんだ。

Give me some tips.
秘訣を教えてよ。

ここがPOINT!

feel fit は「体の具合がよい、元気だ」の意味です。fitness（フィットネス）という語からもすぐにニュアンスが連想できますよね。tip は「ヒント、秘訣、助言」の意味です。

# おいしい

「おいしい」を意味するいろいろな英語表現を覚えておきましょう。

1 うん、とてもおいしいわ。

HAPPY

Do you like the apple pie?
そのアップルパイは好き？

Yeah, it's very good.
うん、とてもおいしいわ。

> **ここがPOINT!**
>
> 「おいしい」を意味する語のうち、日常会話で最も使われるのが good です。**It's pretty good.**（結構おいしい）や It's very good.（とてもおいしい）のように使います。

2 このパン、すごくおいしいね。

HAPPY

This bread tastes great.
このパン、すごくおいしいね。

I baked it this morning.
今朝、焼いたのよ。

> **ここがPOINT!**
>
> 1の good と同じく、great（とてもおいしい）もよく使います。great にはgood をより強調したイメージがあります。This tastes great. の代わりに、This is great. と言ってもOK です。

3 おいしいよ。

HAPPY

How do you like my lasagna?

私のラザーニャはどう？

It's delicious. I love it.

おいしいよ。大好きだね。

> **ここがPOINT!**

delicious は、good や great ほど頻繁には使いません。delicious は、相手の手作り料理に対して、特別に敬意を表して「とてもおいしい、非常に美味な」と言いたいときに使う語です。

---

4 こんなにおいしいステーキは初めてだよ。

HAPPY

This is the best steak I've ever had.

こんなにおいしいステーキは初めてだよ。

Thanks for the compliment.

ほめてくれてありがとう。

> **ここがPOINT!**

good の最上級 best を使った英文です。This is the best ～ I've ever had. は、人の料理をほめるときによく使うので覚えておきましょう。compliment は「ほめ言葉」の意味です。

「満腹だ」「お腹が一杯」という感覚を伝えるフレーズです。

1 満腹だ。

HAPPY

I'm full. How about you?
満腹だ。君はどう？

I ate way too much. I can't move.
食べ過ぎたわ。動けない。

ここがPOINT!

満腹の状態を表すのに、I'm full. が一番よく使われます。あるいは、**My stomach is full.** や **I have a full belly.** を使ってもOK です。stomach のことを、口語で belly と言います。

2 お腹が一杯でもう一口も食べられないわ。

HAPPY

I'm so stuffed that I can't eat another bite.
お腹が一杯でもう一口も食べられないわ。

There's always room for dessert.
デザートは別腹だよ。

ここがPOINT!

I'm stuffed. は、I'm full. と同じで「満腹だ」の意味です。I can't eat another bite. は「もう一口も食べられない」の意味です。この2文を〈so ～ that〉の構文で1文にまとめているわけですね。

3 お腹がはちきれそうだわ。

Have you had enough?
十分食べた？

Yes, my stomach is about to explode.
ええ、お腹がはちきれそうだわ。

> **ここがPOINT!**
>
> Have you had enough? は「十分食べましたか？⇨お腹が一杯になりましたか？」、My stomach is about to explode. は「お腹がもう爆発しそうです⇨お腹がぱんぱんです／はち切れそうです」の意味です。

---

4 このチーズケーキはとてもコクがあって、お腹が一杯になるよ。

This cheesecake is very rich and filling.
このチーズケーキはとてもコクがあって、お腹が一杯になるよ。

If you can't finish it, I can help you.
食べきれなかったら、私が助けてあげるわ。

> **ここがPOINT!**
>
> 形容詞の filling は「お腹を一杯にさせる、満腹にさせる、食べ応えのある」の意味です。

Download
43

「食べ物」や「花」など、いろいろなものから「いい匂い」がするときのフレーズです。

1 とてもいい匂いがするけど何?

 😊 HAPPY

What smells so good?
とてもいい匂いがするけど何?

I'm baking a cake.
ケーキを焼いているの。

ここがPOINT!

動詞 smell は「匂いがする」の意味でしたね。〈smell +形容詞〉の形で覚えておきましょう。「~はいい匂いがする」なら、~ smell(s) good [nice] と言えばよいわけです。

2 何かいい匂いがするなあ。

 😊 HAPPY

Something smells good. What's cooking?
何かいい匂いがするなあ。何作ってるの?

Your favorite, beef stew.
あなたの大好物、ビーフシチューよ。

ここがPOINT!

Something smells good. は「何かいい匂いがする」の意味です。one's favorite は「大好物」、beef stew は「ビーフシチュー」の意味です。

3 いい匂いでしょ?

Nice smell, isn't it?
いい匂いでしょ?

This air freshener is too strong for me.
僕にはこの芳香剤はきつ過ぎるよ。

ここがPOINT!

この場合の smell は名詞で「匂い、香り」の意味です。air freshener は「芳香剤」の意味です。

4 いい匂いがするね。

Smell these beautiful roses.
この美しいバラの匂いをかいでみて。

Mmm, they have a fine fragrance.
う〜ん、いい匂いがするね。

ここがPOINT!

fragrance は、scent と同じく、「芳香、いい香り」の意味です。**the fragrance [scent] of lavender**(ラベンダーの香り)のように使います。

 「気分が悪い」だけではなく、具体的にどうなのかも伝えられるといいですね。

1 気分がよくないんだ。

 I don't feel good.
気分がよくないんだ。

 Are you all right?
大丈夫？

▶ ここがPOINT!

feel good（気分がよい）の否定形です。I don't fell well. と言ってもほとんど同じですが、厳密には feel good は「気分、感情」を、feel well は「体調、健康状態」に言及するニュアンスがあります。

2 むかむかするの。

 I feel sick.
むかむかするの。

 You might have eaten something bad.
何か悪いものを食べたんじゃないか。

▶ ここがPOINT!

I feel sick. は「むかむかする、吐き気がする、気分が悪い」の意味です。**I feel sick to my stomach.** とも言います。あるいは、**I feel funny.** や **I feel queasy.** と言ってもOKです。

3 吐きそうだ。

SAD

I think I'm going to throw up.
吐きそうだ。

There's an airsickness bag here.
エチケット袋がここにあるわよ。

ここがPOINT!

throw up は「吐く」の意味です。I think I'm going to throw up. の
代わりに、**I feel like I'm going to throw up.** と言うこともできます。
airsickness bag は「飛行機酔い袋、エチケット袋」の意味です。

4 二日酔いだ。

I have a hangover.
二日酔いだ。

You drank too much.
飲み過ぎたのよ。

ここがPOINT!

hangover は「二日酔い」の意味です。たいていは、have a hangover（二
日酔いである）の形で使います。「ひどい二日酔い」の場合は、I have a
terrible hangover. と言います。

 体調が悪い

 症状や状態を具体的に述べながら、「体調が悪い」ことを伝えるフレーズです。

1 気分が悪いの。

 Are you OK? You look kind of pale.
大丈夫？ちょっと顔色が悪いよ。

 I'm not feeling well.
気分が悪いの。

ここがPOINT!

pale は「青白い、血の気がない」の意味です。I'm not feeling well.（気分が悪い、体調が優れない）は「体調がよい」の1を否定形にしたものですね。

2 熱があるんだ。

 What's the matter?
どうしたの？

 I have a fever.
熱があるんだ。

ここがPOINT!

What's the matter (with you)? は「どうしたの？／どこか悪いの？」の意味です。**I have a fever of 102 degrees.**（華氏102度の熱がある）のように具体的に答えてもよいでしょう。

3 お腹が痛いのです。

What seems to be the problem?
どうされましたか？

I have a stomachache.
お腹が痛いんです。

ここがPOINT!

What seems to be the problem [trouble]? は、医者が患者に最初に聞く
決まり文句です。頭痛があるときには、**I have a headache.** と言えばい
いですね。

4 肌がかゆいの。

What's wrong?
どうしたの？

My skin itches.
肌がかゆいの。

ここがPOINT!

What's wrong (with you)? は、2 の What's the matter (with you)? と
同じ意味です。itch は「かゆい」の意味です。目の場合なら、**My eyes
itch.** と言えますね。

Part
2
Sense&Feeling 感覚

5　食欲がないんだ。

Are you sick or something?
具合でも悪いの？

I have no appetite.
食欲がないんだ。

> ここがPOINT!

appetite は「食欲」の意味です。「食欲がない」は I have a poor appetite.
と言ってもOKです。「食欲がある」は、**I have an appetite.** や **I have a good appetite.** と言います。

6　足首を捻挫したようだ。

Where does it hurt?
どこが痛いの？

I think I sprained my ankle.
足首を捻挫したようだ。

> ここがPOINT!

「どこが痛いですか？」は Where does it hurt? と言います。sprain は「〜を捻挫する、くじく」、ankle は「足首」の意味です。sprain one's ankle（足首を捻挫する）の形でよく使います。

ヒリヒリ・ズキズキ

「ヒリヒリ」「ズキズキ」「チクチク」など日本語特有の擬態語を英語で伝えるフレーズです。

1 日焼けでヒリヒリするよ。

SAD

I got sunburned.
日焼けでヒリヒリするよ。

My back is burning, too.
私の背中も焼けてヒリヒリしてるわ。

ここがPOINT!

get sunburned は「日焼けする⇨日焼けでヒリヒリする」の意味です。
burn は「（皮膚が焼けて）ヒリヒリする」の意味です。

2 頭がガンガンするの。

SAD

My head is pounding.
頭がガンガンするの。

You should go see a doctor.
医者に診てもらったほうがいいよ。

ここがPOINT!

pound は「緊張している」の3にも出てきましたが、「（心臓）がドキドキ・バクバクする」の他、「（頭が）ガンガン・ズキズキする」の意味も表します。

3 肘がズキズキ痛むんだ。

 My elbow is throbbing with pain.
肘がズキズキ痛むんだ。

 I don't think you should play tennis today.
今日はテニスをしない方がいいと思うわよ。

ここがPOINT!

elbow は「肘」です。頭が「ズキズキする」ときには pound を使いますが、頭だけでなく他の部位も「ズキズキする」ときには throb を使うのが便利です。

4 チクチクするんだ。

 Your eyes are bloodshot.
目が充血してるわよ。

 They sting.
チクチクするんだ。

ここがPOINT!

bloodshot は「(目が) 充血した」の意味です。sting は「チクチクする、ヒリヒリする」の意味です。sting のイメージは、ちょうど蜂に刺されたときの痛みを連想すると分かるでしょう。

5 ジンジンしてきたよ。

SAD

My legs have gone to sleep.
They're starting to tingle.
足がしびれた。ジンジンしてきたよ。

Try to stand up.
立ち上がってみて。

ここがPOINT!

go to sleep は「(正座の後で手足が) しびれる」の意味です。tingle は「ジンジンする、ピリピリする、チクチクする」などの意味を表し、足、耳、その他体のいろんな部分の痛みに使えます。

6 胃がキリキリ痛むんだ。

SAD

I have a sharp, stabbing pain in my stomach.
胃がキリキリ痛むんだ。

It might be appendicitis.
盲腸かもよ。

ここがPOINT!

a sharp, stabbing painは「鋭く刺すような痛み⇨キリキリする痛み」の意味です。もっと簡単に、**I have a sharp pain in my stomach.** や **I have a stabbing pain in my stomach.** と言ってもOK です。

空腹だ

「空腹だ」「腹ぺこだ」「喉が渇いた」という気持ちを伝えるフレーズです。

1 お腹が減ったよ。

SAD

I'm hungry.
お腹が減ったよ。

You ate a huge lunch, and you still want more?
昼ごはんをたらふく食べたのに、まだ欲しいの？

ここがPOINT!

hungry は「空腹の、腹ぺこで」の意味です。通常は Let's have lunch now. のように、breakfast, lunch, dinner には a を付けませんが、形容詞を付けてどんなものかを具体的に言うときには a が付きます。

2 腹が減って死にそうだ。

SAD

I'm starving to death.
腹が減って死にそうだ。

Dinner's almost ready.
もうすぐ夕食ができるわよ。

ここがPOINT!

starving は「とてもお腹がすいて」の意味で、hungry よりもっと切羽詰まって空腹な状態を表します。それに to death（死ぬほど、ひどく）を付けることで、より意味が強調されます。

3 腹がぺこぺこなんだ。

SAD

Your stomach is growling.

お腹がグーグー鳴っているわね。

I'm famished.

腹がぺこぺこなんだ。

ここがPOINT!

growl [graul] は「(お腹が) グーグー鳴る」の意味です。空腹のときによく起こりますよね。I'm famished. は、**I'm hungry.** や **I'm starving.** と同じく、「お腹がぺこぺこだ」の意味です。

4 喉が渇いたよ。

I'm thirsty.

喉が渇いたよ。

Do you want something to drink?

何か飲みたい？

ここがPOINT!

thirsty は、人を主語にして「喉の渇いた」の意味です。「喉が渇いた」を直訳して、My throat is thirsty. とは言えないので、要注意です。**My throat is dry.** ならOK です。**I'm parched.** (喉がカラカラだ) とも言えます。

まずい

「まずい」と伝えるフレーズです。正直に言いたいときもきっとあるはず。

1 おいしくないわ。

SAD

It doesn't taste good.
おいしくないわ。

It's a bit too salty.
少し塩辛すぎるよ。

ここがPOINT!

「おいしい」の taste good を否定形にすれば、「おいしくない」となりますね。
〈a bit too ＋形容詞〉は「少し～過ぎる」の意味です。

2 これまずいよ。

SAD

Ugh! This tastes terrible.
うわっ！これまずいよ。

You're right, it does.
確かに、そうね。

ここがPOINT!

Ughは「うわっ、ウーッ、ゲッ、ひえ～」などの意味で、強い不快感を表す間投詞です。ここでの terrible は、「（品質が）ひどく悪い、最悪の」の意味です。

3 | ひどいわ。

SAD

How does it taste?
味はどう？

It's awful.
ひどいわ。

ここがPOINT!

awful は、2の terrible と同じく、「ひどい、嫌な」の意味です。よって、飲食物に用いる場合は「とてもまずい」の意味になります。

4 | 見た目ほどおいしくないね。

SAD

I don't like this soup.
このスープは好きじゃないわ。

Neither do I. It doesn't taste as good as it looks.
僕もだよ。見た目ほどおいしくないね。

ここがPOINT!

〈as good as it looks〉は「見たのと同じくらいよい」の意味。それに It doesn't taste を加えると「見た目ほどおいしくない」の意味になります。Neither do I. の代わりに、**Me, neither.** と言ってもOK です。

くさい

「口臭、体臭、おなら、焦げたにおい」などに対して「くさい」と伝えるフレーズです。

1 あなたの靴下、くさいわ。

SAD

Your socks smell bad.
あなたの靴下、くさいわ。

Are they that awful?
そんなにひどい？

ここがPOINT!

動詞 smell は良いにおいにも悪いにおいにも用います。「くさい」と言いたい場合には、smell bad が最も一般的です。

2 何か焦げくさいよ。

SAD

I smell something burning.
何か焦げくさいよ。

Yeah, I burned the fish.
うん、魚を焦がしちゃって。

ここがPOINT!

I smell を省略して、Something is burning. と言ってもOK です。あるいは、**It smells like something is burning.** と言うことも可能です。

3 何かくさいなあ。

×× SAD

Something stinks!
何かくさいなあ。

It must be the garbage.
きっと生ゴミだわ。

ここがPOINT!

動詞 stink は「悪臭を放つ」の意味です。さらに強調して「ものすごくくさい」と言いたい場合には、**Something stinks to high heaven.**（ひどい臭いだなあ）と言います。

4 口がくさいわよ。

×× SAD

You have bad breath.
口がくさいよ。

I'll brush my teeth right away.
すぐに歯を磨くよ。

ここがPOINT!

bad breath は「口臭」の意味です。よって、have bad breath で「息がくさい、口臭がある」の意味となります。

Part 2　Sense&Feeling　感覚

121

5　彼は体臭がひどいね。

He has terrible body odor.
彼は体臭がひどいね。

The same goes for you.
あなたもそうよ。

ここがPOINT!

body odor は「体臭」の意味です。よって、「体臭がひどい」はhave terrible [bad/severe] body odor と言います。**The same goes for you.** は「あなたもですよ／人のことは言えないわよ」の意味です。

6　あなた、ニンニクくさいわよ。

You smell of garlic.
あなた、ニンニクくさいわよ。

It won't go away for a while.
当分の間、消えないよ。

ここがPOINT!

smell of ～は「～のにおいがする」の意味です。You smell of garlic. の代わりに、**I smell garlic on your breath.** と言うこともできます。

「甘い・辛い・苦い・濃い・薄い」など味覚のいろいろを伝えるフレーズです。

1 これは僕には甘すぎるよ。 SAD

This is too sweet for me.
これは僕には甘過ぎるよ。

Since I have a sweet tooth,it's just right for me.
私は甘党だから、ちょうどいいわ。

ここがPOINT!

sweet は「甘い」の意味です。have a sweet toothは「甘党である」、be just right for ～は「～にふさわしい、ちょうどよい」の意味です。

2 これは辛いね。 SAD

This is hot.
これは辛いね。

My mouth is on fire.
私の口はヒリヒリしてるわ。

ここがPOINT!

hot は「暑い／熱い」だけでなく、「辛い、ヒリヒリする」（=spicy）の意味もあります。**My mouth is on fire.** は「私の口に火がついている⇨（辛くて）口が燃えるようにヒリヒリしている」の意味です。

3 塩辛い食べ物は体によくないわよ。

Salty food is not good for you.
塩辛い食べ物は体によくないわよ。

You're right. I should cut down on salt.
そうだね。塩分は控えないとね。

▶ ここがPOINT!

「まずい」の1にも出ましたが、salty は「塩辛い」の意味です。「体に良い（良くない）」はbe (not) good for you で十分です。for your health や for your body とわざわざ言う必要はありません。

4 この薬、苦いわ。

This medicine tastes bitter.
この薬、苦いわ。

It'll do you good.
よく効くだろうね。

▶ ここがPOINT!

bitter は「苦い」の意味です。〈do ～ good〉は「～に効く／～のためになる」の意味です。**Bitters do good to the stomach.**（良薬口に苦し）ということわざも覚えておくと便利ですよ。

5 このコーヒー、ちょっと濃すぎるなあ。

This coffee is a little too strong.
このコーヒー、ちょっと濃すぎるなあ。

Do you want some milk in it?
少しミルクいる？

ここがPOINT!

strong には、「（コーヒー・茶が）濃い／（酒が）強い」の意味があります。
その反対の「薄い」は weak と言います。

6 これ、味が薄いわ。

This is bland.
これ、味が薄いわ。

Sorry, I'm a terrible cook.
ごめん、俺って料理下手なんだよね。

ここがPOINT!

bland は「味が薄い、淡白な」の意味です。

うるさい

Download
51

 「うるさい」「騒々しい」「やかましい」を伝えるフレーズです。

1 うるさ過ぎるな。

 ANGRY

It's too noisy.
うるさ過ぎるな。

Let's complain about the noise to the neighbors.
隣人たちに騒音について苦情を言いましょうよ。

ここがPOINT!

noisy は、noise（音、騒音、物音）の形容詞で、「うるさい、やかましい」の意味です。

2 音楽がやかまし過ぎるわ。

 ANGRY

The music is too loud.
音楽がやかまし過ぎるわ。

What? I can hardly hear you.
何？君の言葉がほとんど聞こえないんだ。

ここがPOINT!

loud は「うるさい、やかましい」の意味です。loud は、**Could you speak a little louder?**（もう少し大きな声で話していただけますか？）のフレーズにも出てきますね。hardly は「ほとんど〜ない」の意味です。

3 鼓膜が破れるほどうるさいこの騒音には
我慢できないよ。

ANGRY

I can't stand this ear-shattering noise.
鼓膜が破れるほどうるさいこの騒音には我慢できないよ。

There is construction going on.
工事中なのよね。

ここがPOINT!

stand は「〜を我慢する」、ear-shattering は「鼓膜が破れるほどうるさい
／耳が裂けるほどうるさい」の意味です。ear-shattering noise の形でよ
く使われます。

4 # 私はワインにはうるさいのよ。

I'm very fussy about wine.
私はワインにはうるさいのよ。

No worries. They offer a wide selection.
心配ご無用。店の品揃えは豊富だからね。

ここがPOINT!

be fussy about 〜は「〜にうるさい⇨（高い水準を求めるゆえに）〜に
こだわりを持っている」の意味です。be particular about 〜や be picky
about 〜と同じです。

Part
2

Sense&Feeling 感覚

127

暑い・熱い

 「暑い」「熱い」「ぬるい」などを表すフレーズを紹介します。

---

1 今日はひどく暑いね。

 SAD

It's really hot today.
今日はひどく暑いね。

It's boiling.
うだるような暑さだよ。

ここがPOINT!

hot は「暑い」、boiling は「うだるような、ひどく暑い」の意味です。boiling を副詞として使えば、**It's boiling hot.** と言ってもOKです。**It's blazing[sizzling, scorching] (hot).** とも言えます。

---

2 蒸し暑いわね。

SAD

It's muggy. I'm dripping with sweat.
蒸し暑いわね。汗だくよ。

Me too. I feel like taking a shower.
僕もだよ。シャワーを浴びたい気分だ。

ここがPOINT!

muggy は「蒸し暑い」(= hot and humid) の意味です。drip with sweat は「汗だくになる、汗がしたたる」の意味です。〈feel like -ing〉は「～したい気分である」の意味です。

3 スープは熱いから。

Be careful. The soup is hot.
気をつけてね。スープは熱いから。

It's best eaten hot, right?
アツアツがおいしいんだよね？

ここがPOINT!

hot には「熱い／辛い」の意味がありますが、ここでは「熱い」の意味で使われています。be best eaten hot は「アツアツで食べるのが一番だ」の意味です。

4 このコーヒー、ぬるいよ。

×× SAD

This coffee is lukewarm.
このコーヒー、ぬるいよ。

Sorry. I'll heat it up.
ごめん。温め直すよ。

ここがPOINT!

lukewarm は「生ぬるい、少し冷めた」の意味です。**This coffee is not hot enough.** と言ってもよいでしょう。完全に冷めている場合には、**It's gone cold.** でOKです。heat ~ up は「~を温め直す」の意味です。

129

イライラする

「イライラする」という感情を伝えるいろいろなフレーズです。

1 イライラするなあ。

ANGRY

I'm irritated. Nothing seems to be going right.
イライラするなあ。何をやってもうまくいかないようだ。

Just take it easy.
無理しないで気楽にね。

ここがPOINT!

irritated は、人を主語にして「イライラした、むしゃくしゃした」の意味を表します。Take it easy. は「無理しないでね／気楽に構えて」の意味です。

2 イライラするわ!

ANGRY

How frustrating! I have no time for myself.
イライラするわ!自分だけの時間がないのよ。

It's all in how you use your day.
一日の過ごし方次第だよ。

ここがPOINT!

How frustrating!(イライラするなあ!／しゃくに障るなあ!／こんちくしょう!)は、I'm frustrated. と言っても同じです。これらは、「惜しい・残念だ」の3 に別の意味で出ているので、読んでおいてください。

3 それですごくイライラしてるんだ。

 ANGRY

What's eating you, Tony?
トニー、何イライラしてるの？

My computer is acting up.
That really annoys me.
コンピュータの調子が悪いんだよ。それですごくイライラしてるんだ。

ここがPOINT!

eat は「～をイライラさせる、困らせる」の意味で、What's eating you? の形でよく使われます。annoy も同じく、「～をイライラさせる、いらつかせる、ムッとさせる」の意味です。

4 上司にイラついているのよ。

 ANGRY

What's bugging you, Cindy?
シンディー、何でイライラしてるの？

My boss is getting on my nerves.
上司にイラついているのよ。

ここがPOINT!

bug は「～をイライラさせる、困らせる」(= annoy, bother) の意味です。get on one's nerves は「（人）をイライラさせる、（人）の神経に障る」の意味です。

Part 2 Sense&Feeling 感覚

131

疲れた

「疲れた」ことを伝えるのにも、いろいろなフレーズがありますよ。

1　もう疲れてへとへとだ。

It's been a long day. I'm dead tired.
長い一日だったよ。もう疲れてへとへとだ。

Get some rest.
少し休んで。

ここがPOINT!

tired は「疲れた、しんどい」の意味です。これに副詞の dead（完全に、完璧に）を加えると、「疲れてへとへとだ」の意味になります。**I'm tired out.** も同じような意味です。

2　くったくたに疲れたよ。

I'm exhausted.
くったくたに疲れたよ。

You've been working too hard.
無理し過ぎたのね。

ここがPOINT!

exhausted（くたくたに疲れた）は一語で、1の dead tired や tired outと同じ意味を表せます。work too hard は「働き過ぎる／仕事をし過ぎる／無理をする」の意味です。

---

3 くたびれたわ。

What's the matter, Chelsea?
チェルシー、どうしたの？

I'm worn out.
くたびれたわ。

ここがPOINT!

be worn outは「くたくたに疲れた、疲れ切っている」の意味です。副詞の out には「すっかり、完全に」という強調のニュアンスがあります。**I'm wiped out.** や **I'm burned out.** も同じ意味です。

4 くたびれたわ。

I'm beat.
くたびれたわ。

Then let's call it a day.
じゃあ、今日はこのくらいにしておこう。

ここがPOINT!

beat は「疲れきって、へとへとで」の意味です。さらに強調したい場合には、**I'm totally [absolutely] beat.** と言えばOKです。call it a day は「切り上げる、終わりにする」の意味です。

まぶしい

「まぶしい」「まばゆい」という感覚を伝えるフレーズです。

1 照明がまぶし過ぎるわ。

These lights are too bright.
We have to save electricity.

照明がまぶし過ぎるわ。電気を節約しなくちゃ。

You are absolutely correct.

全く君の言う通りだ。

ここがPOINT!

bright は「明るい、輝いた」の意味です。too bright とすることで「まぶしい、まぶし過ぎる」のニュアンスがうまく表せます。

2 太陽がまぶしいよ。

The sun is blinding.

太陽がまぶしいよ。

Why don't you wear sunglasses to protect
your eyes?

目を保護するためにサングラスをかけたらどう？

ここがPOINT!

blinding は「まぶしい、目もくらむような」の意味です。**The sun is right in my eyes.**（太陽がちょうど目に入る⇨太陽の光でまぶしい）という言い方もあります。

3 トラックのまぶしいヘッドライトで目がくらんだよ。

Watch out!
危ない！

I was blinded by the truck's glaring headlights.
トラックのまぶしいヘッドライトで目がくらんだよ。

ここがPOINT！

blind は「（人）の目をくらませる」の意味です。glaring は「まぶしい、ギラギラとした」の意味です。**The truck's glaring headlights blinded my eyes.** と言ってもOKです。

4 ベッキー、笑顔がまぶしいね。

You have a shining smile, Becky.
ベッキー、笑顔がまぶしいね。

Everyone tells me that.
みんなそう言うわ。

ここがPOINT！

shining は「輝く、明るい、光る」の意味です。a shining smile で「まぶしい笑顔」の意味となります。**You have a blight [dazzling] smile.** と言ってもOKです。

 「寒い」「涼しい」「冷たい」などを表すフレーズを紹介します。

1 今日は冷えるね。

It's chilly today.
今日は冷えるね。

It's so chilly I can see my breath.
とても寒いから、吐く息が白く見えるわ。

ここがPOINT!

cold は「寒い、冷たい」の意味です。chilly は、cool より寒く cold ほど寒くないニュアンスで、「ひんやりする、肌寒い、冷える」くらいの意味です。

2 涼しい所に保存しておいて。

Where should I keep these peaches?
これらの桃はどこに置いておけばいいの？

Store them in a cool place.
涼しい所に保存しておいて。

ここがPOINT!

cool には「（天候が）涼しい／（物が）冷えた／かっこいい／（態度が）冷静な」などの意味がありますが、ここは「冷えた」の意味です。store は keep と同じで「〜を保存する」の意味です。

3 外は凍えそうに寒いわ。

It's freezing out there.
外は凍えそうに寒いわ。

Bundle up.
暖かい格好をするんだよ。

ここがPOINT！

freezing は「凍えるように寒い、ひどく寒い」の意味です。It を主語にするだけでなく、人を主語にして **I'm freezing.**（凍えそうに寒いよ）と言うこともできます。bundle up は「厚着をする」の意味です。

4 冷たいビールを1杯飲もうよ。

Let's have a glass of cold beer.
冷たいビールを 1 杯飲もうよ。

That'd hit the spot on a hot day like this.
こんな暑い日はそれに限るね。

ここがPOINT！

cold は天候が「寒い」だけでなく、物が「冷たい、冷えた」の意味でも使いますね。hit the spot は「（飲食物が）申し分ない、うってつけだ⇨それ（これ）に限るよ」の意味です。

眠い

「眠い」ことを伝えるのに効果的なフレーズを紹介します。

1 すごく眠いよ。

I'm really sleepy.
I can barely keep my eyes open.

すごく眠いよ。目も開けていられないくらい。

I'll make you some coffee.

コーヒーを入れてあげるよ。

ここがPOINT!

sleepy は「眠い」の意味です。すでに「眠い」場合は I'm sleepy. ですが、だんだん「眠くなってきた」場合は、**I'm getting sleepy.** と言います。barely は「辛うじて（〜する）」の意味です。

2 もう眠りたいわ。

I'd like to sleep now.

もう眠りたいわ。

Please go to bed then.

じゃあ、寝なよ。

ここがPOINT!

sleep（眠る）と go to bed（ベッドに行く⇨床に就く）の違いに注意です。例：Did you sleep well?（よく眠れましたか？）／ What time did you go to bed?（何時に寝ましたか？）

3 ものすごく眠いわ。

I'm so drowsy.
ものすごく眠いわ。

Why don't you take a nap?
ちょっと一寝入りしたら？

ここがPOINT!

drowsy は「眠い」(= sleepy) の意味です。take a napは「仮眠を取る、昼寝をする」の意味です。

4 一日中眠かったよ。

I've been half asleep all day.
一日中眠かったよ。

Didn't you get enough sleep last night?
昨夜はぐっすり眠らなかったの？

ここがPOINT!

half asleep は「半分眠って、夢うつつで」の意味です。Didn't you get enough sleep?「十分な睡眠を取らなかったの？／寝不足なの？」の意味です。

快適だ・窮屈だ

Download
58

「快適だ」あるいは「窮屈だ」という感覚を伝えるフレーズです。

---

1 とても快適だよ。

😊
HAPPY

I heard you bought a new car. How's the interior?

新車を買ったんだってね。内装はどう？

It's nice and comfy.

とても快適だよ。

ここがPOINT!

〈nice and ～〉で「とても～、ずいぶん～」の意味です。comfy（快適な、心地よい）は comfortable の省略形です。反意語の uncomfortable（居心地の悪い）も覚えておきましょう。

---

2 ここはすっかりリラックスできるわ。

😊
HAPPY

Are you all relaxed?

すっかりくつろいでる？

Yes, I feel completely at ease here.

ええ、ここはすっかりリラックスできるわ。

ここがPOINT!

relaxed（くつろいだ、ゆったりした）の前の all は副詞で「すっかり、まったく」の意味です。feel at ease は、feel comfortable と同じく、「気持ちが安らぐ／心がなごむ」の意味です。

140

3 窮屈だわ。
SAD

I'm uncomfortable. Will you move over?
窮屈だわ。ちょっと詰めてくれる？

You bet.
もちろんだよ。

ここがPOINT!

ここでの uncomfortable は「居心地が悪い⇨窮屈である」の意味です。
move over は「詰める」（= slide over ／ scoot over）の意味です。You
bet. は「もちろんだ」の意味の決まり文句です。

4 窮屈だわ。
SAD

I feel cramped.
窮屈だわ。

Then you should fly first class next time.
じゃあ、次回はファーストクラスに乗るべきだね。

ここがPOINT!

feel cramped は「窮屈な思いをする／狭くて息が詰まるような感じがする」
の意味です。I feel cramped. は場所が狭いときに使います。

伝わりにくい気持ち表現（2）

相手にある問題の対応措置を依頼した際、相手が「善処いたします」と言ったとする。そのときのあなたの期待度はどれほどのものだろうか。

通常、日本語で「善処いたします」と言われた場合、「さほどやる気はないんだろうな／たぶん無理なんだろうな」と否定的に解釈する人の方が多い。たとえ「前向きに善処いたします」と言われたところで、大抵の場合、さほど「前向きさ」は感じられず、こちらにはどうしても建前だけが伝わってくるものだ。

だからこそ、「善処いたします」をI'll do my best. やI'll take care of it. などと英訳するのは危険である。それでは、「最善を尽くして事態を改善いたしましょう」や「私が何とかしますので任せてください」のような約束とさえ捉えられかねないからだ。

そんなとき、最も無難な英語表現は I'll see what I can do. であろう。「できる限りのことはやってみようと思うが、何も約束はできない」という響きを持つ言い方である。日本語の「善処いたします」自体がさまざまに解釈され得るため、その英訳は一筋縄ではいかないようだ。

ただし、「そんなこと私には絶対にできない」ということが最初から分かっているのなら、玉虫色の言葉を使わずに、むしろ率直に I'm sorry I can't do it. や I'm afraid I can't make it. などと言うべきだ。欧米の人は、中途半端な言い逃れやごまかしをひどく嫌う傾向があるからである。

# まとめチェックテスト

赤シートで英文を隠したまま、そらで言えるまでくりかえしましょう！

● ●

1 腹が減って死にそうだ。
I'm starving to death.

2 見た目ほどおいしくないね。
It doesn't taste as good as it looks.

3 何かくさいなあ。
Something stinks!

4 うるさ過ぎるな。
It's too noisy.

5 蒸し暑いわね。
It's muggy.

6 このコーヒー、ぬるいよ。
This coffee is lukewarm.

7 イライラするなあ。
I'm irritated.

8 くったくたに疲れたよ。
I'm exhausted.

9 太陽がまぶしいよ。
The sun is blinding.

10 今日は冷えるね。
It's chilly today.

● ●

11 涼しい所に保存しておいて。
Store them in a cool place.

12 すごく眠いよ。
I'm really sleepy.

13 ものすごく眠いわ。
I'm so drowsy.

14 とても快適だよ。
It's nice and comfy.

15 窮屈だわ。
I'm uncomfortable.

16 窮屈だわ。
I feel cramped.

17 これは僕には甘すぎるよ。
This is too sweet for me.

18 塩辛い食べ物は体によくないわよ。
Salty food is not good for you.

19 このコーヒー、ちょっと濃すぎるなあ。
This coffee is a little too strong.

20 これ、味が薄いわ。
This is bland.

Part

3

意 思
Intention

「意思」とは心の中に思い浮かべる何かをしようという考えや思いのことです。

ここでは、「感謝・謝罪」「同意・反対」「願望・依頼」 の表現や「ほめる」「はげます」「忠告する」など32項目の気持ち表現を扱います。

中学・高校レベルの英語力で使いこなせる表現ばかりです。家庭での会話、友達との会話、ビジネスシーンなど多くの場面で活用できるものなので、しっかりとマスターしましょう。

 賛成する

相手の意見に賛成か反対かをはっきりと述べることから議論が深まります。

1 私も同じ意見よ。

 HAPPY

We should develop new environmentally friendly products.
我々は環境に優しい新製品を開発するべきだ。

I agree with you.
私も同じ意見よ。

ここがPOINT!

I agree with you.（あなたと同意見です）をさらに強調して、**I agree with you completely.** や **I agree with you 100%.** や **I couldn't agree with you more.** と言うこともあります。

2 賛成だね。

 HAPPY

Let's start a fund-raising campaign.
資金集めキャンペーンを開始しましょうよ。

I'm with you.
賛成だね。

ここがPOINT!

fund-raising は「資金集めの」の意味です。I'm with you. は「あなたに賛成です／同感です」の意味の決まり文句です。

3 大賛成だ。
HAPPY

 How about throwing a surprise party for Ken?
ケンのためにサプライズパーティーを開くのはどう？

 I'm all for it.
大賛成だ。

ここがPOINT!

be all for ～は「～に大賛成である」の意味です。前置詞 for(～に賛成して) を副詞all が強調しています。その反対が against（～に反対して）。**I'm against it.**（私は反対です）となります。

4 全くその通りだ。
HAPPY

 Good health is more important than anything else.
健康は他の何よりも大切だよね。

 You can say that again.
全くその通りだ。

ここがPOINT!

You can say that again. は「まさにその通りだ／あなたのおっしゃる通りです」の意味です。同じ意味を表すフレーズに、**You said it.** や **You got it.** などもあります。

反対だと述べるなら、その理由もしっかりと述べられるようにしたいものです。

1　同意できないな。
SAD

I don't agree.
同意できないな。

May I ask why?
その理由を聞いてもいい？

▶ ここがPOINT!

I don't agree. の代わりに、**I disagree.** と言ってもOKです。もう少しやんわりと反対を述べたいときは、文頭に I'm afraid を付けて **I'm afraid I can't agree (with you).** と言います。

2　増税には反対だわ。
ANGRY

I'm against higher taxes.
増税には反対だわ。

But the government needs increased revenue.
でも政府は増収が必要なんだよ。

▶ ここがPOINT!

前置詞 against は「〜に反対して」の意味です。**Are you for or against it?**（あなたはそれに賛成ですか、反対ですか？）も覚えておきましょう。revenueは「歳入、収入」の意味です。

3 君の考えには賛成できないな。

I can't go along with your idea.
君の考えには賛成できないな。

What do you have against it?
どこが気に入らないの？

ここがPOINT!

go along with ～は「～に足並みをそろえて行く⇨～に賛成する、～に従う」の意味です。ここではその否定形を使って「～に賛成できない＝～に反対する」の意味を表しています。

4 私は改築には反対です。

I'm opposed to the renovation.
私は改築には反対です。

But this building is too old.
でもこの建物は老朽化していますよ。

ここがPOINT!

be opposed to ～で、「～に反対している」の意味です。object to ～（～に反対する）を使って、**I object to the renovation.** と言うこともできます。renovation は「改築」の意味です。

断る・拒否する

腹を割った相手ならともかく、気を遣う相手には遠回しに断ることが必要ですね。

1 そんなことできないわ。
ANGRY

Keep this a secret, will you?
このことは秘密にしておいてくれる？

I can't do that.
そんなことできないわ。

ここがPOINT!

keep ～ a secret は「～を秘密にする」の意味です。「できない」とはっきり断る場合には、I can't do that. の他に **That's impossible.**（無理です）という言い方もあります。

2 残念だけど無理です。
SAD

Can you give me a better price?
もう少しまけてもらえませんか？

I'm afraid not.
残念だけど無理です。

ここがPOINT!

気を遣う相手やお客などに遠回しに断るときには、I'm afraid not.（残念だけど無理です）と言うとよいでしょう。もちろん、**I'm afraid I can't.** と言ってもOK です。

3 いやあ、やめておくよ。

How about a dip in the pool?
プールでひと泳ぎしない？

I'd rather not.
いやあ、やめておくよ。

ここがPOINT!

dip は「水につかること」の意味です。I'd rather not.（どちらかと言う
とやりたくありません）は遠回しに断る言い方です。代わりに、**I guess
not.** や **Maybe not.** を使うことも可能です。

4 今回はやめておくわ。

Let's go out for a drink.
飲みに行こうよ。

I have to pass this time.
今回はやめておくわ。

ここがPOINT!

I have to pass.（遠慮させてもらいます／やめておきます）に this time
を加えると、「次回」に含みを持たせることで断りやすくなります。もっと
簡単に **Not today.**（今日は無理よ）と言うこともできます。

疑問を呈する

相手のコメントに疑問を感じて、「ホントに？！」と突っ込むフレーズを紹介します。

---

1 本当？

I won first place in the speech contest.
スピーチ・コンテストで優勝したの。

Really? Fantastic!
本当？すごいね！

ここがPOINT!

Really? は「本当？」と突っ込むのに最も一般的な決まり文句です。もっとカジュアルな表現として、**For real?** も覚えておくとよいでしょう。

---

2 マジ？

I saw Naomi out with Ted.
ナオミがテッドと外で一緒にいたのを見たわよ。

Seriously?
マジ？

ここがPOINT!

たぶん、２人はデートをしていたのでしょう。相手の言ったことがすぐに信じられないときは、Seriously?（本当に？／マジ？）や1のReally? と聞くといいですね。あるいは、**Are you serious?** や **Are you sure?** でもOK です。

3 冗談でしょ？

ABC Corporation has gone bankrupt.
ABC社が倒産したよ。

Are you kidding?
冗談でしょ？

go bankrupt は「倒産する」の意味です。Are you kidding? は「冗談でしょ？／からかっているでしょ？」の意味の決まり文句です。**No kidding.** や **You must be kidding.** も同じ意味です。

4 うまくいくのかなあ。

I'm taking diet pills.
私、ダイエットの薬を飲んでるの。

I wonder if they will work.
You might ruin your health.
うまくいくのかなあ。健康を害するかもしれないよ。

I wonder if they will work. の work は「うまく行く」の意味です。I wonder if ~（~かどうか疑問に思う⇨~かしら／~だろうか）を使うことで、間接的に相手の考えに納得できないことを表現できます。

再考を求める

じっくり考えてから決断してほしいときや考え直してほしいときに使えるフレーズです。

1 よ〜く考えた方がいいわよ。

I want to divorce her.
彼女と離婚したいんだ。

You should think it over.
よ〜く考えた方がいいわよ。

ここがPOINT!

divorce は「〜と離婚する」の意味です。think over 〜は「〜をよく考える、熟考する」の意味です。さっと決めるのではなく、もっと時間をかけて考えるよう促すのに格好の表現です。

2 じっくりと考えた方がいいよ。

I want to quit my job.
私仕事をやめたいの。

You'd better give it some serious thought.
じっくりと考えた方がいいよ。

ここがPOINT!

give 〜 some serious thought は「〜を真剣に考える」の意味です。似た形の表現として、give 〜 a second thought（〜について考え直す）や give 〜 some more thought（〜をもっとよく考える）もあります。

3 それについて考え直してはどう？

Why not rethink it?
それについて考え直してはどう？

I've already made up my mind.
もう決意を固めましたので。

―ここがPOINT!

〈Why not ＋動詞の原形〜 ?〉は「〜してはどう？」と相手に何かを勧める表現です。rethink は「〜を考え直す、再考する」の意味です。make up one's mind（決意する）も覚えておきましょう。

4 私の申し出を再検討していただきたいのですが。

I wish you'd reconsider my offer.
私の申し出を再検討していただきたいのですが。

It's difficult.
それは難しいなあ。

―ここがPOINT!

I wish you'd [you would] 〜（あなたが〜してくださるといいのですが）と「願望」を示すことで、間接的に相手に要望を述べています。reconsider は「〜を再考する」の意味です。

 疑問に思うことがあるときは、失礼にならないように質問することを心がけましょう。

1 ちょっと聞いてもよろしいですか？

May I ask you something?
ちょっと聞いてもよろしいですか？

Sure. What is it?
どうぞ。何でしょうか？

ここがPOINT!

May I ask you a question? や **May I ask you some questions?** と言ってもよいでしょう。

2 ちょっと話を聞いてもらえる？

Can I bend your ear a minute?
ちょっと話を聞いてもらえる？

Okay, shoot!
いいよ、話して！

ここがPOINT!

Can [May] I bend your ear? は、自分の言うことに耳を貸してほしいときに使う決まり文句で、「私の話を聞いてもらえますか」の意味です。命令文の Shoot! は「どうぞ話して！」の意味です。

3 質問してもいいですか？

 Do you mind if I ask you a question?
質問してもいいですか？

 No, go ahead.
はい、どうぞ。

ここがPOINT!

「質問しても構いませんか？」の意味です。Do you mind if 〜 ? の質問に対して、「いいですよ」と答えるときには、No. で返答するのでしたね。

4 ちょっと質問してもよろしいでしょうか。

 I was wondering if I could ask you a few questions.
ちょっと質問してもよろしいでしょうか。

 Sure, I don't mind.
ええ、構いませんよ。

ここがPOINT!

I was wondering if 〜（〜してもよろしいでしょうか）は、I wonder if 〜 よりももっと丁寧な言い方です。婉曲語法なので、形は過去形でも、実際には現在のことを述べるわけです。

言われたことが聞こえなかったり、理解できなかったらこのように聞き返しましょう。

1 すみません、もう一度言ってもらえますか？

Excuse me, could you say that again?
すみません、もう一度言ってもらえますか？

You have to go to platform 8 and take a local train.
8番線まで行って普通電車にお乗りください。

ここがPOINT!

Could [Would] you say that again? は、もう一度言ってもらいたいときに使う決まり文句です。代わりに、**Would you repeat that [it]?** や **Could you say that one more time?** と言ってもOK です。

2 何とおっしゃいました？

I'm looking for the book titled Marketing Magic.
「マーケティングの魔法」という題名の本を探しています。

I beg your pardon? What's the title again?
何とおっしゃいました？何という題名ですか？

ここがPOINT!

I beg your pardon? は、相手の言ったことが聞き取れないときには「もう一度言っていただけますか？」、驚いて聞き返すときには「何ですって？」の意味を表します。簡単に Pardon? と言ってもOK です。

3 もう一度言ってくれる?

Come again?
もう一度言ってくれる?

I said, "Quiet down."
「静かにして」って言ったんだよ。

▶ ここがPOINT!

Come again? は「もう一度言ってくれる?」の意味のくだけた表現です。
さらに、相手が早口すぎるときは **Would you speak more slowly?**、相手の声が小さすぎるときは **Would you speak up?** が便利です。

4 もう一度言っていただけますか?

Could you run that by me again?
もう一度言っていただけますか?

Yes, I'll say it again.
はい、もう一度言いますね。

▶ ここがPOINT!

Could you run that by me again? は相手の言っていることがよくわからなくて、もう一度言って(説明して)ほしいときに使う決まり文句です。もっと簡単に **Run that by me again?** と言うこともあります。

 # 理由を聞く

「理由」の聞き方は、Whyだけではありません。いろいろな言い方を覚えましょう。

1 サンドラ、どうして今朝姿を見せなかったの？

Why didn't you show up this morning, Sandra?

サンドラ、どうして今朝姿を見せなかったの？

I had a surprise visitor.

不意の来客があったの。

ここがPOINT!

show up は「姿を見せる、現れる」の意味です。「なぜ？」と理由を尋ねるのに最もよく使われるのが Why ～ ? の形です。「不意の来客、思いがけない訪問客」は a surprise visitor のほか、an unexpected visitor とも言います。

2 どうして？

I won't be friends with Matt any longer.

マットとはもう付き合わないつもりだよ。

What's the reason?

どうして？

ここがPOINT!

not any longer は「もはや～ない」(=no longer) という意味です。What's the reason?（どうして？／原因は何？）と質問することで、具体的な理由を尋ねることができます。

3 どうして分かったの？

How do you know that?
どうして分かったの？

I have big ears.
地獄耳だもん。

ここがPOINT!

How do you know that? は「どうしてそれを知ってるの？／どうして分かったの？」の意味です。映画にもよく出てくるフレーズですよ。

4 どうしてそう思うの？

What makes you think so?
どうしてそう思うの？

I have a hunch.
そんな予感がするんだ。

ここがPOINT!

What makes you think so? は「何があなたにそう考えさせるのか？⇨どうしてそう思うのか？」という意味です。I have a hunch.（何か予感がする）の代わりに、**I just feel it.** と言ってもOKです。

わからない・知らない

Download
67

「わからない」のうち「知らない／見当がつかない」という意味を表すフレーズです。

1 いや、知らないわ。

Do you know Susan's address? I lost it.
スーザンのアドレス、知ってる？失くしちゃったんだ。

No, I don't know it.
いや、知らないわ。

==ここがPOINT!==

I don't know ～（～は知らない、わからない）は非常によく使うパターンですね。「知らないことは知らない」とはっきり言うことはとても大切なことです。

2 見当がつかないよ。

**Let's get a birthday present for Rose.
Do you know what she wants?**
ローズの誕生日プレゼントを買いましょう。彼女の欲しいものが何かわかる？

I have no idea.
見当がつかないよ。

==ここがPOINT!==

I have no idea. は「見当がつかない／全然わからない」の意味です。よく直後に5W1H が続きます。I have no idea what to do.（どうしたらよいのかわからない）のようにです。

3 わからないわ。

Who will replace Tom?
誰がトムの代わりになるの？

I'm not sure.
わからないわ。

ここがPOINT!

I'm not sure. は「よくわからない／どうかなあ」の意味で、確信・自信の
なさを表します。よく直後に if や5W1Hが続きます。**I'm not sure if she
is coming.**（彼女が来るかどうかわかりません）

4 全くわからない。

This problem is too difficult. I'm clueless.
この問題は難し過ぎるわ。全くわからない。

Let me see.
どれどれ。

ここがPOINT!

I'm clueless. は「手がかりがない⇨全くわからない／お手上げだ」の意味
です。よく直後に about が続きます。**I'm clueless about stocks.**（株
については全くの無知です）

わからない・理解できない

「わからない」のうち「理解できない／ついて行けない」という意味を表すフレーズです。

1 彼女の振る舞いは理解できないよ。

 SAD

I can't understand her behavior.
彼女の振る舞いは理解できないよ。

You don't understand a woman's mind.
女心がわからないのね。

ここがPOINT!

understand は「（人の言葉・説明など）を理解する／（状況・物事）を理解する」のニュアンスを持つ動詞です。behavior は「態度、行動」、a woman's mind は「女心」の意味です。

2 よく理解できないよ。

 SAD

Sorry, I don't get it.
ごめん、よく理解できないよ。

I don't know how else to explain it.
他にどう説明すればいいのかわからないよ。

ここがPOINT!

I don't get it.（わからない／理解できない）は、相手の言っていることの意味や意図がわからないときに使う決まり文句です。**Get it?**（わかる？）や **Got it?**（わかった？）も日常会話でよく使われます。

3 理解に苦しむよ。

Do you know why Beth is dating Randy?
どうしてベスはランディーと付き合っているのかわかる？

I can't figure it out.
理解に苦しむよ。

ここがPOINT!

figure ～ out は「～を理解する、把握する」の意味です。よって、I can't figure it out. なら「理解に苦しむよ／全くわからないよ」の意味になります。

4 話についていけないんだけど。

I'm not following you.
話についていけないんだけど。

I'll clarify it for you.
わかりやすく説明するわね。

ここがPOINT!

I'm not following you. は「（あなたの）話についていけていない」の意味です。**I'm not following what you are saying.** と言ってもOKです。
clarify は「～をはっきりさせる、明確化する」の意味です。

165

 確かめる

「意味がわからない」ことや「信じられない」ことを再確認するためのフレーズです。

1 それは確かなの？

Are you sure about that?
それは確かなの？

Definitely.
間違いないわ。

ここがPOINT!

Are you sure about [of] that? は「それは確かですか？」の意味です。 **Are you positive** (about that)? と聞くこともできます。Definitely.（間違いない）の代わりに、**Absolutely.**（絶対に）と言ってもOK です。

2 それはどういうことですか？

What do you mean by that?
それはどういうことですか？

What I'm saying is that I have to let you go.
つまり、私はあなたを首にせざるを得ないということです。

ここがPOINT!

What do you mean by that? (それはどういう意味ですか？) は相手の言っている意味がはっきりとわからないときに使います。単に What do you mean?と言ってもOKです。let ～ go は「～を解雇する」の意味です。

3 何が言いたいの？

What are you trying to say?
何が言いたいの？

Don't you get my point?
僕の言いたいことがわからないの？

ここがPOINT!

What are you trying to say?（何が言いたいのですか？／どういうことですか？）の代わりに、**What are you driving [getting] at?** や **What's your point?** と言うことも可能です。

4 ってことは、つまりどういうこと？

Which means what?
ってことは、つまりどういうこと？

They finally broke up.
遂に彼らは別れたってことだよ。

ここがPOINT!

Which means what? は、相手の言ったことの真意がよくわからないときに「と言うと、つまりどういうことですか？」と尋ねる決まり文句です。もっと簡単に Meaning what? と言っても同じ意味を表します。

167

自信がある

何かに対して「自信がある」というフレーズです。

1 僕は料理に自信があるんですよ。

 HAPPY

I'm a great cook.
僕は料理に自信があるんですよ。

Please make me something then.
じゃあ、何か作ってください。

ここがPOINT!

I'm a great cook. は「私はかなり料理が上手だ」という意味ですが、「私は料理に自信がある／私の料理は最高だ」と訳すことも可能です。

2 自分の仕事には自信があるんだ。

 HAPPY

I'm confident in my work.
自分の仕事には自信があるんだ。

That's great.
素晴らしいわね。

ここがPOINT!

be confident in ～は「～に自信がある、～に自信を持っている」の意味です。

1.Argue
主張

3 結果には自信があるよ。

I feel sure of the outcome.
結果には自信があるよ。

Don't expect too much.
あまり期待し過ぎないようにね。

ここがPOINT!

I feel sure of ～は「私は～に自信がある、私は～に自信を持っている」の
意味です。feel なので特に感覚的なニュアンスを表しますが、もっと断定
的に I'm sure of ～と言ってもOK です。

4 私は他の人とのコミュニケーション能力には すごく自信があるの。

I take great pride in my ability to communicate with others.
私は他の人とのコミュニケーション能力にはすごく自信があるの。

Well, you're certainly friendly and sociable.
まあ、君は確かに愛想良くて、社交的だからね。

ここがPOINT!

take pride in ～は「～に自信を持っている／～に自負心がある／～に誇
りを持っている」の意味です。pride の前に great を置くことで「大きな、
すごい」のニュアンスが出ます。

Part 3 Intention 意思

169

自信がない

 何かに対して「自信がない」というフレーズです。

1 数学には自信がないんだ。

I'm not good at math.
数学には自信がないんだ。

Neither am I.
私もよ。

ここがPOINT!

「〜に自信がある」ときは I'm good at 〜で、「〜に自信がない」ときは I'm not good at 〜で表現できます。〈Neither + be [助] 動詞＋主語〉は、否定文の後で「私もまた〜ない」の意味を表します。

2 できるかどうか自信はないなあ。

Can you finish this report by 6 o'clock?
6 時までにレポートを終えられる？

I'm not sure if I can.
できるかどうか自信はないなあ。

ここがPOINT!

be not sure 〜は「〜はよくわからない」のほか、「〜に自信がない／〜に確信が持てない」の日本語にも相当します。よって、I'm not sure if 〜なら、「〜かどうか自信がない」となるわけです。

3 自分の英語に自信がないんだ。

I have no confidence in my English.
自分の英語に自信がないんだ。

Have courage!
勇気を出してよ！

ここがPOINT!

have no confidence in ～ は「～に自信がない」の意味です。I'm not confident in my English. と言っても、同じ意味を表せます。courage は「勇気、度胸、大胆」の意味です。

4 容姿には自信がないの。

I'm insecure about my looks.
容姿には自信がないの。

I think you're attractive.
君は魅力的だと思うよ。

ここがPOINT!

be insecure about ～ は「～に自信がない／～について不安を感じる」の意味です。insecure は secure（安心している）の反意語です。

 やめる

仕事や趣味、習慣などをやめる意思を伝えるフレーズです。

1 君に頼るのはもうやめるよ。

 I'll stop depending on you.
君に頼るのはもうやめるよ。

 What do you mean?
どういう意味？

ここがPOINT!

〈stop -ing〉は「～するのをやめる」の意味です。〈stop to do〉（～するために休止する）との違いに注意しましょう。depend on ～は「～に頼る」の意味です。

2 仕事をやめることにしたの。

 I decided to quit my job.
仕事をやめることにしたの。

 That's rather unexpected.
それはちょっと唐突だね。

ここがPOINT!

quit one's job は「仕事をやめる／辞職する」の意味です。「学校をやめる」なら、quit school となります。That's rather unexpected. は「それはいささか唐突だ」の意味です。

3 タバコをやめるつもりなんだ。

I'm going to quit smoking.
タバコをやめるつもりなんだ。

I've heard that a million times.
それってもう何度も聞いたけど。

ここがPOINT!

quit は目的語として動名詞のみを取ります。quit smoking（喫煙をやめる）、quit drinking（飲酒をやめる）のように使います。a million times は「百万回も⇨何度も／耳にたこができるほど」の意味です。

4 だからつい昨日間食するのをやめたんだ。

Haven't you gained weight recently?
最近体重が増えたんじゃない？

Yes, so I gave up eating between meals only yesterday.
うん、だからつい昨日間食をするのをやめたんだ。

ここがPOINT!

gain weight は「体重が増える」（= put on weight）の意味です。反対は lose weight（体重が減る）です。give up ～（～をやめる）は、直後に名詞または動名詞がきます。

あきらめる

 「あきらめる」を表現できるいろいろなフレーズを覚えておきましょう。

---

1 もうダメだ。

 SAD

I want to give up.
もうダメだ。

Just take it one step at a time.
一つずつ段階を踏まえながらやればいいんだよ。

ここがPOINT!

I want to give up. は「断念したい⇨もうダメだ」の意味です。give up（〜）には「（〜を）やめる」のほか、「（〜を）あきらめる／断念する／降参する」の意味もあるのです。

---

2 夢のことはあきらめろよ。

 SAD

Forget about your dream.
夢のことはあきらめろよ。

Yeah, I should accept reality.
そうね、現実を受け入れるべきね。

ここがPOINT!

forget about 〜は「〜について忘れる／〜についてあきらめる」の意味ですね。accept reality（現実を受け入れる）もよく使われる表現なので、しっかりと覚えておきましょう。

174

3 どうしてもあきらめきれないの。

I just can't let it go.
どうしてもあきらめきれないの。

You should know when to give up.
あきらめが悪いなあ。

ここがPOINT!

let it go は「(そのことを) さっさと忘れる/あきらめる」の意味でしたね。
You should know when to give up. は「あきらめ時をわきまえるべきだ
⇨あきらめが悪いなあ/未練がましいよ」の意味です。

4 もうあきらめようかと思っているんだ。

I'm thinking of throwing up my hands.
もうあきらめようかと思っているんだ。

There's still more you can do.
あなたがやれることはまだ残っているよ。

ここがPOINT!

throw up one's hands は、降参するときに手を挙げることから「あきらめる」の意味を表します。There's still more you can do. は「あなたがやれることはまだある」の意味です。

Part **3** Intention 意思

中間チェックテスト

音声をきいて、書きとれるかチェックしてみよう！

・・

1 全くその通りだ。
You can say that again.

2 君の考えには賛成できないな。
I can't go along with your idea.

3 いやあ、やめておくよ。
I'd rather not.

4 冗談でしょ？
Are you kidding?

5 よ〜く考えた方がいいわよ。
You should think it over.

6 それについて考え直してはどう？
Why not rethink it?

7 すみません、もう一度言ってもらえますか？
Excuse me, could you say that again?

8 どうして分かったの？
How do you know that?

9 見当がつかないよ。
I have no idea.

10 どうしてもあきらめきれないの。
I just can't let it go.

・・

⓫ 私も同じ意見よ。
I agree with you.

⓬ 大賛成だ。
I'm all for it.

⓭ 増税には反対だわ。
I'm against higher taxes.

⓮ 私は改築には反対です。
I'm opposed to the renovation.

⓯ 残念だけど無理です。
I'm afraid not.

⓰ 今回はやめておくわ。
I have to pass this time.

⓱ うまくいくのかなあ。
I wonder if they will work.

⓲ じっくりと考えた方がいいよ。
You'd better give it some serious thought.

⓳ 私の申し出を再検討していただきたいのですが。
I wish you'd reconsider my offer.

⓴ ちょっと聞いてもよろしいですか？
May I ask you something?

願望を伝える

Download 74

自分の夢や願望を述べるときと間接的に相手に何かを頼むときがありますね。

1　また会えたらいいね。

I hope to see you again.
また会えたらいいね。

Me too.
そうね。

ここがPOINT!

〈I hope to do〉は「〜することを望む」の意味です。I hope to see you again.
は別れのときの挨拶によく使われます。**I'm looking forward to seeing you
again.**（また会えるのを楽しみにしています）という言い方もあります。

2　熱い風呂に浸かりたいよ。

Aren't you tired?
疲れてない？

I want to take a hot bath.
熱い風呂に浸かりたいよ。

ここがPOINT!

〈I want to do〉は「〜したい」の意味です。take a bath は「風呂に入る」
の意味です。take a shower（シャワーを浴びる）も一緒に覚えておきましょ
う。

3 お茶を一杯いただきたいのですが。

 I'd like to have a cup of tea.
お茶を一杯いただきたいのですが。

 Sure thing.
もちろんです。

ここがPOINT!

〈I'd like to do〉は I want to do の丁寧な表現で、「～がしたいです」の意味を表します。Sure thing. は「もちろん／いいですよ」の意味のカジュアル表現です。

4 大金持ちになりたいわ。

 I wish I could become a millionaire.
大金持ちになりたいわ。

 Dreams are cheap.
夢見るのはただだから。

ここがPOINT!

I wish (that) ～（～であればいいのになあ）は非現実的なことへの願望を表すので、that 節の中は仮定法となります。Dreams are cheap. は「夢は安いものだ⇨夢を見るのは自由だ」の意味です。

急かす

急かす言葉はHurry! やHurry up! だけではありません。
いろいろなバリエーションを覚えておきましょう。

1 急げよ!

Hurry up!
急げよ!

Don't rush me.
急かさないでよ。

ここがPOINT!

急かすときに最もよく使われるのが Hurry up! です。ただし、焦っている
人に対しては **Don't rush.**（焦らないで）や **There's no need to rush.**（急
ぐ必要はないよ）と言ってあげましょう。

2 早く!

Step on it!
早く!

Stop nagging me.
うるさく言うのはやめてよ。

ここがPOINT!

Step on it! は「車のアクセルを踏め！⇨急げ！」の意味の決まり文句で、
Step on the gas! とも言います。nag は「～に口うるさくがみがみ言う」
の意味です。

3 早くしてよ！

Make it quick! I don't have much time.
早くしてよ！あまり時間がないの。

It'll be just a few minutes.
ほんの数分だけだから。

ここがPOINT!

Make it quick! は「早くして！急いで！」の意味を表す少しくだけた決まり文句で、**Make it snappy!** と同じ意味です。It'll be just a few minutes. は「すぐに終わります／少しだけお待ちください」の意味です。

4 早ければ早いほどいい。

Let's get together sometime.
いつか集まりましょう。

The sooner, the better. Let's set a date.
早ければ早いほどいい。日にちを決めようよ。

ここがPOINT!

get together は「集まる」の意味です。The sooner, the better. は「早いに越したことがない」という意味で、比較級を用いた重要な決まり文句です。

Part
3
Intention 意思

猶予が欲しい

猶予をもらうには、数分でよいのか数日ほしいのかで表現が変わってきます。

1 少々お待ちください。

Just a moment, please.
少々お待ちください。

Sure. Take your time.
はいわかりました。ゆっくりどうぞ。

ここがPOINT!

Just a moment.（ちょっと待って）は、非常によく使われる決まり文句ですね。**Just a minute.** や **Just a second.** と言っても同じ意味を表します。

2 ちょっと待って。

I'm going to hang up now.
もう切るわね。

Wait a second.
ちょっと待って。

ここがPOINT!

hang up は「電話を切る」の意味です。Wait a second.（ちょっと待って）はもっとカジュアルに**Wait a sec.** と言ってもOK です。

3 しばらく考える時間をちょうだい。

Will you spend the rest of your life with me?
残りの人生を僕と過ごしてくれない？

Give me some time to think it over.
しばらく考える時間をちょうだい。

ここがPOINT!

プロポーズの言葉、そしてそれに対する返答としてありがちな会話です。
think over ～は「～のことをよく考える」の意味です。人生の伴侶につい
てはじっくり考えるべきことですよね。

4 長くかからないから。ちょっと待って。

We need to go.
もう行かなくちゃ。

I won't be long. Just wait.
長くかからないから。ちょっと待って。

ここがPOINT!

ぐずぐずしている女性に対して、男性が急かしているところです。I won't
be long. は「長くはかかりませんから」の意味です。

相手ともっと仲良くなるために「誘い文句」はしっかり押さえておきたいですよね。

1 コーヒーでも飲みに行こうよ。

Let's go out for coffee.
コーヒーでも飲みに行こうよ。

I'll have to take a rain check.
今回は無理だから、またの機会にね。

> ここがPOINT!

Let's は Let us が短縮されたもので、提案・勧誘の表現として最も頻繁に使います。I'll have to take a rain check.（今回は無理なので、またの機会にね）は、誘いを断るときに使う決まり文句です。

2 夕食に行かない？

Why don't we go out for dinner?
夕食に行かない？

Sounds great.
いいわね。

> ここがPOINT!

Why don't we ～ ?（～しませんか？）は、自分を含めての行動を提案する表現です。代わりに、**Shall we go out for dinner?** と言うこともできます。

3 今夜映画に行くのはどう？

How about going to the movies tonight?
今夜映画に行くのはどう？

Sorry, but I have plans.
ごめんね、予定が入っているの。

ここがPOINT!

How about ～？（～はどうですか？）はカジュアルな提案・勧誘の表現です。～の後には通常、名詞または動名詞が続きます。if を使って、**How about if we go to the movies tonight?** と言うこともできます。

4 ビールを一杯どう？

What do you say to a beer?
ビールを一杯どう？

Why not?
いいねえ。

ここがPOINT!

What do you say to ～？（～はどうですか？）も勧誘を表す表現です。～の後には名詞または動名詞が続きます。Why not? は「なぜいけないのか？⇨もちろんいいよ」という意味です。

依頼する

物を頼むときには、カジュアルに頼むときと丁寧に頼むときではフレーズが変わります。

1 今晩電話してくれる?

Can you call me tonight?
今晩電話してくれる?

Sure, what time?
いいよ、何時?

ここがPOINT!
Can you ～? は「～してくれますか?」の意味の依頼表現です。家族や友達の間で気兼ねなく使える口語表現です。**Can you give me a call tonight?** と言ってもOK です。

2 窓を開けていただけますか?

Could you open the window?
窓を開けていただけますか?

Certainly.
いいですよ。

ここがPOINT!
Could you ～? は、Can you ～? よりも丁寧な言い方で、「～していただけますか?」の意味を表します。Certainly. は「もちろん/承知しました」と相手の依頼を承諾する言い方です。

3 今日オフィスに立ち寄ってほしいんだけど。

I want you to drop by my office today.
今日オフィスに立ち寄ってほしいんだけど。

Is there a problem?
何か問題でもあるの？

ここがPOINT!

〈I want 人 to do〉で「(人) に～してほしい／～してもらいたい」の意味です。
drop by ～は「～に顔を出す、立ち寄る」の意味です。

4 うちのチームに加わってほしいのですが。

I'd like you to join our team.
うちのチームに加わってほしいのですが。

Please let me think about it.
考えさせてください。

ここがPOINT!

〈I'd like 人 to do〉で「(人) に～していただきたい」の意味で、〈I want
人 to do〉よりも丁寧な言い方です。I'd は I would の略です。

Part
3
Intention 意思

187

5 | お願いがあるのですが。

Would you do me a favor?
お願いがあるのですが。

I'll do what I can.
私にできることはします。

ここがPOINT!

Would you do me a favor? は「お願いがあるのですが」の意味です。
Would を Could にしても OK です。主語の you を I にして、**Could [May]
I ask you a favor?** と聞くことも可能です。

---

6 | お願いがあるんだけど。

I have a favor to ask you.
お願いがあるんだけど。

Don't ask me for money.
お金をせびるのはやめてよ。

ここがPOINT!

I have a favor to ask you. の ask you は、ask of you と言うこともあり
ます。「ちょっとお願いがあるんだけど」なら、**I have a little favor to
ask (of) you.** と言えばOK です。

188

許可を求める

許可を求める定番フレーズや答え方をしっかり覚えておきましょう。

1 電話を借りてもいい?

Can I use your phone?
電話を借りてもいい?

Go ahead.
どうぞ。

ここがPOINT!

Can I ～ ?(～してもいい[ですか]?)はカジュアルに許可を求める表現
ですね。Could I ～ ?(～してもよろしいですか?)は、より丁寧です。Go
ahead. は「ご自由にどうぞ」と許可を出すフレーズです。

2 ここに座ってもいいですか?

May I sit here?
ここに座ってもいいですか?

Sorry, it's taken.
すみません、ふさがっています。

ここがPOINT!

May I ～ ?(～してもよろしいでしょうか?)も許可を求めるのによく使
われます。丁寧で改まった感じのニュアンスです。「どうぞ座ってください」
と言う場合は、**Yes, please do.** でOKです。

3 たばこを吸ってもいいですか?

Do you mind if I smoke?
たばこを吸ってもいいですか?

I'd rather you didn't.
できれば控えていただきたいのですが。

>ここがPOINT!

Do you mind if ～ ? は「～しても構いませんか?」の意味です。文頭の Do を取って、Mind if I smoke? と言うこともあります。I'd rather you didn't. は仮定法過去を使った決まり文句です。

4 ドアを閉めていただけますか?

Would you mind closing the door?
ドアを閉めていただけますか?

Not at all.
いいですよ。

>ここがPOINT!

Would you mind ～ ? は、Do you mind ～ ? の丁寧な表現です。「どうぞ」なら、 Not at all. や **Of course not.** と答えます。**Would you mind me [my] closing the door?** なら「ドアを(私が)閉めても構いませんか?」の意味になります。

2.Request
依頼

5 今日は早退してもいいですか？

Is it okay if I leave early today?
今日は早退してもいいですか？

What's up?
どうしたの？

▶ここがPOINT!

Is it okay if ～ ? で「～してもいいですか？」の意味です。okay（= OK）の部分は all right にしても構いません。leave early は「早退する」の意味です。

6 写真を撮らせていただいてもよろしいですか？

Would it be all right if I took your picture?
写真を撮らせていただいてもよろしいですか？

Make me look good.
美人に撮ってくださいね。

▶ここがPOINT!

Would it be all right if ～ ? で「～させていただいてもよろしいですか？」の意味です。とても丁寧な言い方です。all right（= alright）の部分は okay にしても構いません。

Part 3 Intention 意思

191

中間チェックテスト

場面に合わせて言い方にも気をつけてみましょう！

- -

1 また会えたらいいね。
I hope to see you again.

2 熱い風呂に浸かりたいよ。
I want to take a hot bath.

3 お茶を一杯いただきたいのですが。
I'd like to have a cup of tea.

4 大金持ちになりたいわ。
I wish I could become a millionaire.

5 急げよ！
Hurry up!

6 早く！
Step on it!

7 早くしてよ！
Make it quick!

8 早ければ早いほどいい。
The sooner, the better.

9 少々お待ちください。
Just a moment, please.

10 ちょっと待って。
Wait a second.

- -

11 しばらく考える時間をちょうだい。
Give me some time to think it over.

12 長くかからないから。ちょっと待って。
I won't be long. Just wait.

13 コーヒーでも飲みに行きましょうよ。
Let's go out for coffee.

14 今夜映画に行くのはどう？
How about going to the movies tonight?

15 今晩電話してくれる？
Can you call me tonight?

16 窓を開けていただけますか？
Could you open the window?

17 今日オフィスに立ち寄ってほしいんだけど。
I want you to drop by my office today.

18 お願いがあるのですが。
Would you do me a favor?

19 今日は早退してもいいですか？
Is it okay if I leave early today?

20 お先にどうぞ。
After you.

Part
3
意思 Intention

. . . .

アイデアをほめる

 アイデアをほめることで、相手の意見に同意することにもつながります。

---

1 いい考えね。

 HAPPY

What do you say to going hiking?
ハイキングに行くのはどうかな？

I think that's a good idea.
いい考えね。

ここがPOINT!

I think を取って、That's a good idea. でもOK です。good の代わりに、**great** や **excellent**, **wonderful** などを使うと、考えが「とても素晴らしい」というニュアンスになります。

---

2 よさそうな考えだわ。

 HAPPY

Why don't we start jogging to stay in shape?
健康のためにジョギングを始めない？

Sounds like a plan.
よさそうな考えだわ。

ここがPOINT!

stay in shape は「健康を保つ、体型を保つ」の意味です。Sounds like a plan. は文頭に That が省略された言い方で「よさそうな考えね」の意味です。**That sounds like a great idea.** と同じ意味です。

3 いい考えね。

HAPPY

Good thinking.
いい考えね。

I'm glad you like it.
気に入ってくれてうれしいよ。

> **ここがPOINT!**

Good thinking. は文頭に That's が省略された言い方で「よい考えですね／名案ですね」の意味です。特に、相手の前向きな考え方をほめるときに使う決まり文句です。

4 君の考え方は好きだなあ。

HAPPY

I always try to stay positive.
私はいつも前向きでいようと努力しているの。

I like the way you think.
君の考え方は好きだなあ。

> **ここがPOINT!**

stay positive は「ポジティブでいる」の意味です。ここでの way は「やり方、方法」の意味で、way you think で「考え方」となります。like（〜が好きだ）と伝えることは、とても自然体で素敵です。

Part
3
意思
Intention

物・芸術をほめる

 物や芸術によって、いろいろなほめ方のパターンを覚えておきましょう。

---

1 素晴らしいお宅ですね。

 HAPPY

You have a wonderful place.
素晴らしいお宅ですね。

Our house is your house.
くつろいでくださいね。

ここがPOINT!

You have a cozy home [house].（居心地のよいお宅ですね）と言って
もOK です。Our house is your house. は「私の家はあなたの家です⇒自
分の家のようにくつろいでください」の意味です。

---

2 最高傑作だね。

 HAPPY

This is a self-portrait.
これは自画像なの。

It's a masterpiece.
最高傑作だね。

ここがPOINT!

作品をほめたい場合、masterpiece（最高傑作、名作）を使うとうまく
伝わります。「絵がお上手ですね」と表現したいときは、**You are good
[excellent] at drawing.** と言えばよいでしょう。

3 とても感動的だったよ。

How was the opera?
オペラはどうだった？

It was very moving.
とても感動的だったよ。

ここがPOINT!

moving は「感動的な」の意味で、touching と同じです。**It's worth watching.** や **It's worthwhile.**（それは観る価値がある）という評価の仕方もあります。

4 魅力的な車だね。

It's an attractive car.
魅力的な車だね。

It's very chic, isn't it?
とてもおしゃれでしょ？

ここがPOINT!

attractive は「魅力的な、感じがよい」、chic は「おしゃれな、シックな」（= stylish）の意味です。どちらも見た目について言及する語です。

Part
3
意思 Intention

197

よかったね

ハッピーな報告を受けたら、英語でも「よかったね」と祝福してあげたいですよね。

---

1 よかったわね。

My interview went well.
面接はうまくいったよ。

That's good.
よかったわね。

ここがPOINT!

That's good. は「よかったね」の意味の決まり文句です。代わりに、That's great. や That's wonderful. と言ってもOK です。

---

2 よかったね。

I gave up smoking.
たばこをやめたよ。

Good for you.
よかったね。

ここがPOINT!

Good for you. は「よかったね、よかったなあ」の意味の決まり文句です。「よくやった/偉いぞ」とほめるニュアンスを表すこともあります。

3 本当によかったですね。

 HAPPY

I'm going to get married.
結婚することになりました。

Oh, I'm so happy for you.
あらまあ、本当によかったですね。

ここがPOINT!

get married は「結婚する」の意味です。I'm so happy for you. は「私もうれしいです／本当によかったね」の意味です。**I'm happy to hear about that.** と言ってもOK です。

4 おめでとう!

 HAPPY

I got promoted.
昇進したの。

Congratulations!
おめでとう!

ここがPOINT!

Congratulations! は、最後に必ずsが付きます。祝う対象を具体的に述べたいときには前置詞 on を使って、**Congratulations on your promotion!**（昇進おめでとう!）のように言います。

Part
3
意思 Intention

199

 なぐさめる

相手に不幸があったとき、どう言葉をかけたらよいかしっかりと覚えておきましょう。

1 大変だね。

 SAD

 My mother is in the hospital.
母が入院しているの。

 I'm sorry to hear that.
大変だね。

ここがPOINT!

I'm sorry to hear that. は、相手によくないことが起きたことを聞いたときに使う決まり文句です。この場合は、**That's too bad.** (お気の毒に) と言うことも可能です。

2 あなたのお気持ちはよくわかります。

 SAD

 I really feel for you.
あなたのお気持ちはよくわかります。

 Thanks.
ありがとう。

ここがPOINT!

I (really) feel for you. は、相手の悲しみ・苦しみに同情を示して「お気持ちお察しします」と言うときに使う決まり文句です。**I know how you feel.** も同じ意味を表します。

200

3 僕がいつもそばにいるよ。

Things might get difficult for me.
私にとって状況は厳しくなるかもしれないよ。

I'll always be by your side.
僕がいつもそばにいるよ。

ここがPOINT!
things は「事態、状況」の意味です。「僕（私）がついているよ」と言ってあげたいときには、**I'm here for you.** と言うこともできます。

4 ご愁傷様です。

Please accept my sincere condolences.
ご愁傷様です。

Thank you very much.
ありがとうございます。

ここがPOINT!
Please accept my sincere condolences. は、お悔やみの決まり文句です。「ご愁傷様です」は **I'd like to offer my deepest sympathy.** とも言えます。

 人をほめる

 Download 84

 人をほめるときは、わざとらしくならないよう上手にほめてあげたいですよね。

1 とっても素敵だよ。 HAPPY

How do I look?
どう？

You look terrific.
とっても素敵だよ。

ここがPOINT!

How do I look? は服を着用した後、「どう似合う？」と聞くフレーズです。**You look great** [cool.]（素敵よ）や **It looks nice [good] on you.**（似合ってるよ）と言ってあげてもOK です。

2 あなたって素晴らしい人ね。 HAPPY

You're fantastic.
あなたって素晴らしい人ね。

What do you want?
何が狙いなの？

ここがPOINT!

fantastic は「すごい、素晴らしい」の意味です。**You're just unbelievable.** という言い方もありますが、こちらは良い意味（あなたは本当にすごい）でも悪い意味（あなたはあきれた人だ）でも使われます。

3 君ってすごく頭いいね。

HAPPY

 The test was a piece of cake.
そのテストは簡単だったわ。

 You're so smart.
君ってすごく頭いいね。

ここがPOINT!

a piece of cake は「(1 切れのケーキをペロリと食べるくらい) とても簡単なもの⇨朝飯前 (のこと)」の意味です。smart は「頭が良い、頭の回転が早い」の意味です。

4 気前がいいのね。

HAPPY

 I'll treat you.
僕がおごるよ。

 That's generous of you.
気前がいいのね。

ここがPOINT!

generous は「気前がいい」の意味です。That's generous of you. は相手の気前のよさに感謝するほめ言葉です。**You're generous.** や **You're so kind.**（優しい人ね）と言ってもよいでしょう。

 注意する

 「注意する」ときは、基本的に命令文のキツい言い方になるので使い方に要注意です。

1 静かに！

 ANGRY

Be quiet!
静かに！

I'm very sorry.
大変申し訳ありません。

ここがPOINT!

Be quiet! は、先生や親が子供に対して「静かに！」というときによく使われるフレーズですね。Shut up!（だまれ！）はかなりキツい言い方なので、使わない方が無難です。

2 やめとけよ。

ANGRY

Don't do that.
やめとけよ。

Mind your own business.
余計なお世話よ。

ここがPOINT!

Don't do that. の代わりに、Stop it. も使えます。Mind your own business. は「あなた自身のことを気にしろ⇨余計なお世話だ」の意味です。

3 身を慎しみなさいよ。

Behave yourself.
身を慎しみなさいよ。

It's my life, isn't it?
俺の勝手だろ？

ここがPOINT!

behave oneself は「身を慎む／行儀よくふるまう」の意味です。It's my life. は「私の人生だ⇨何をしようと私の勝手だ」の意味です。

4 もっと大人になりなさいよ！

Grow up!
もっと大人になりなさいよ！

Don't boss me around.
指図をするのはやめてくれ。

Part **3** 意思 Intention

ここがPOINT!

Grow up!（もっと大人になりなさい！）は、子供っぽい行動や言動をしている人に言う決まり文句です。**Act your age!** と同じ意味です。boss 〜 aroundは「〜に偉そうに命令する」の意味です。

叱責する
しっせき

Download
86

英語で相手を責めるフレーズも自分の立場を守るためには必要なときもあります。

---

1 君のせいだよ。

ANGRY

It's your fault.
君のせいだよ。

That wasn't my fault.
私のせいじゃないわ。

ここがPOINT!

「過失の責任はあなたにある」と言いたいときに、It's your fault. がよく
使われます。「自分のせいではない」と言いたいときには、**Don't blame
me.**（私のせいにしないで）でもOK です。

---

2 あなたのせいよ。

ANGRY

You're to blame.
あなたのせいよ。

Aren't you being too hard on me?
きみ、ちょっと僕につらく当たり過ぎじゃない？

ここがPOINT!

You're to blame. は「あなたのせいだ」という意味です。「誰のせいでもな
い」なら、**No one is to blame.** と言います。be hard on ～は「～につ
らく当たる／～にきつい」の意味です。

3 あなたのせいでそうなったのよ。

You caused it.
あなたのせいでそうなったのよ。

I had nothing to do with it.
僕には一切関係ないことだ。

ここがPOINT!

You caused it. は「あなたが原因でそうなった⇨それはあなたのせいよ」
の意味で、You did it. と似ています。have nothing to do with 〜は「〜
とは何も関係がない」の意味です。

4 どう責任を取るつもりですか?

How are you going to make it up to me?
どう責任を取るつもりですか?

I'll do everything I can.
できる限りのことはさせていただきます。

ここがPOINT!

make it up to 〜は「〜につぐないをする」の意味です。「どう責任を取っ
てくれるのか?」は **What are you going to do about that?** と言って
もよいでしょう。

Part
3
意思 Intention

207

 忠告する

 相手のためを思って「～すべきだ、～した方がよい」と忠告や助言をするフレーズです。

1 ダイエットした方がいいわよ。

 My belt feels tight.
ベルトがきついんだ。

 You should go on a diet.
ダイエットした方がいいわよ。

ここがPOINT!

tight は「きつい」、go on a diet は「ダイエットをする」の意味です。ここでの should は「～する方がいい」という意味で、やんわりとした助言として使われています。

2 早く家に連れて帰ってあげなきゃ。

 My son has a high fever.
息子が高熱を出しているの。

 You'd better get him home soon.
早く家に連れて帰ってあげなきゃ。

ここがPOINT!

had betterは「～する方がいい」というやんわりした助言ではなく、「～すべきだよ／～しないと本当にまずいよ」という強い提案や勧告を表すため、should よりも意味が強いのです。

3 ライフスタイルを変える必要があるね。

I haven't been getting enough sleep lately.
最近よく寝ていないの。

You need to change your lifestyle.
ライフスタイルを変える必要があるね。

ここがPOINT!

get enough sleep は「ぐっすり寝る、十分な睡眠を取る」の意味です。need to ～は「～する必要がある」という意味ですから、少し間接的な忠告と言えます。

4 ここで靴を脱がないといけません。

ANGRY

You have to take off your shoes here.
ここでは靴を脱がないといけません。

Oh, I'm sorry.
あっ、すみません。

ここがPOINT!

take off ～は「～を脱ぐ」の意味です。have to ～は「～しなければならない」という強い必要や義務を表します。should → had better →need to→ have to → must の順で強制の度合いが強くなります。

Part 3 意思 Intention

5　予約を入れることをお勧めするわ。

 I think I'll go to the new restaurant.
新しくできたレストランに行こうかな。

 I recommend you make a reservation.
予約を入れることをお勧めするわ。

ここがPOINT!

〈recommend (that) 人＋動詞の原形〉は「人が～することを勧める」の意味で、人に何かを推奨するときに使います。〈recommend 人 to do〉（人に～することを勧める）の形よりもよく使われます。

6　減塩をお勧めします。

 I have high blood pressure.
血圧が高いんです。

 I advise you to cut back on salt.
減塩をお勧めします。

ここがPOINT!

high blood pressure は「高血圧」、cut back on ～は「～の量を減らす」の意味です。〈advise 人 to do〉は「（人）に～することを勧める」の意味で、人に何かを助言や忠告するときに使います。

はげます・鼓舞する・安心させる

落ち込んだり、不安を感じている人に適切な言葉をかけてあげましょう。

1 元気出して！

HAPPY

This kind of thing always happens to me.

私にはいつもこんなことが起こるのよね。

Cheer up! It could happen to anybody.

元気出して！誰にでもあることだよ。

ここがPOINT!

This kind of thing always happens to me. は「私にはいつもこんなこと
が起こるのよね」の意味です。Cheer up! は意気消沈している相手を「元
気を出して！」とはげます決まり文句です。

2 あきらめないで頑張って。

HAPPY

I want to quit my job.

仕事をやめたいんだ。

Just hang in there.

あきらめないで頑張って。

ここがPOINT!

quit は「（仕事など）をやめる」の意味です。Hang in there. は「最後ま
であきらめないで頑張れ」の意味です。文頭の Just は無くてもOK です。

Part
3

意思
Intention

211

3 頑張って！

HAPPY

I'm making every effort to improve my English.

英語を上達させるためにあらゆる努力をしているんだ。

Stick with it!

頑張って！

ここがPOINT!

make every effort to do は「～するためにあらゆる努力をする」の意味です。 stick with ～は「粘り強く～をやり通す」の意味です。 Stick with it! は「頑張って！／続けて！」の意味の決まり文句です。

4 大丈夫だよ。

HAPPY

Oh, no. I'll be late again.

どうしよう。また遅刻しちゃうわ。

It'll be all right.
If you hurry, you can still make it.

大丈夫だよ。急げばまだ間に合うよ。

ここがPOINT!

「大丈夫だよ」と安心させるには、It'll be all right. の他に **Don't worry about it.**（心配しないで）と言ってもOK です。hurry は「急ぐ」、make it は「時間に間に合う」の意味です。

5 きっとうまく行くわよ。

HAPPY

What should I do if it doesn't work?
うまく行かなかったらどうしよう？

I'm sure it'll work out.
きっとうまく行くわよ。

ここがPOINT!

work out は「うまく行く／何とかなる／よい結果が出る」の意味です。

6 気の持ちようだよ。

**No matter what I do,
it never turns out right.**
何をやってもうまく行かないのよ。

That's not true. It's all in your mind.
それは違うよ。気の持ちようだよ。

ここがPOINT!

It's all in your mind. は「それはすべてあなたの心の中にある（つまり客観的事実ではない）⇨「あなたがそう思っているだけだ／考え過ぎだよ」という意味です。

悩む

「悩む」も「心を痛める」「くよくよ考える」「苦しくて困る」などいろいろありますね。

1 そんなささいな問題で悩むのはやめよう。

Let's not worry about such trivial issues.
そんなささいな問題で悩むのはやめよう。

All right. I'll try not to.
わかった。そうしないようにするよ。

ここがPOINT!

worry about ～は「～について思い悩む／～を気にする、心配する」の意味です。trivial issue は「ささいな問題」の意味。

2 過去のことをくよくよ悩むべきじゃないよ。

You shouldn't dwell on the past.
過去のことをくよくよ悩むべきじゃないよ。

You're right. I'll let it go.
そうだね。もう気にしないことにするよ。

ここがPOINT!

dwell on ～は「～をくよくよ悩む／～にこだわる」の意味です。let it go は「(そのことを) さっさと忘れる／あきらめる」の意味です。

3 僕の悩みは尽きることがなさそうだ。

My troubles never seem to end.
僕の悩みは尽きることがなさそうだ。

That's the way life goes.
人生ってそういうもんでしょ。

ここがPOINT!

ここでの trouble は「悩み、苦しみ、困難」の意味です。That's the way life goes [is].（人生とはそういうものだ）の代わりに、**Such is life.** や **That's how life is.** なども使えます。

4 悩んでいるようね。

You look distressed.
悩んでいるようね。

Do I? I'm actually okay.
そうかい？実際は大丈夫だよ。

ここがPOINT!

distressed は「悩んで、心を痛めて、苦しんで」の意味の形容詞です。よって、You look distressed. で「悩んでいるようだね」の意味となります。**You look disturbed.** や **You look troubled.** も同じ意味です。

迷う

「迷う」にも「選択に迷う」「決断に迷う」「道に迷う」などいろいろありますね。

1　決められないよ。

I can't make up my mind.
決められないよ。

What's there to think about?
何を迷ってるの？

ここがPOINT!

I can't make up my mind. は「まだ決心がつかない／迷うなあ」の意味です。What's there to think about?（何を考えることがあるのか？⇨何を迷っているのか？）は、決意することを後押しする表現です。

2　それを買おうか迷っているんだ。

I'm not sure about buying it.
それを買おうか迷っているんだ。

It sure is a real bargain.
確かに掘り出し物ね。

ここがPOINT!

I'm not sure about ～は「～について迷っている／～のことでためらっている」の意味を表します。I'm debating about buying it. と言ってもOKです。real bargain は「掘り出し物」の意味です。

216

3 途方にくれちゃうよ。

All our computers are down right now.
今、コンピュータは全部ダウンしてるんだ。

I'm at a loss what to do.
途方にくれちゃうよ。

ここがPOINT!

be at a loss は「途方に暮れる／どうすればよいのかわからずに困る」の意味です。どうしてよいか戸惑っているときに使える表現です。loss とwhat の間に、of や as to を入れることもあります。

4 道に迷いました。

I'm lost.
道に迷いました。

Where do you want to go?
どこに行きたいのですか？

ここがPOINT!

I'm lost. は「道に迷った」の意味です。I got lost. と言ってもOKです。Where am I?（ここはどこですか？）も覚えておくと便利な決まり文句です。

まとめチェックテスト

復習ページはこれで最後！あとは実践あるのみです！

• •

1 いい考えね。
I think that's a good idea.

2 最高傑作だね。
It's a masterpiece.

3 よかったね。
Good for you.

4 あなたのお気持ちはよくわかります。
I really feel for you.

5 とっても素敵だよ。
You look terrific.

6 気前がいいのね。
That's generous of you.

7 やめとけよ。
Don't do that.

8 君のせいだよ。
It's your fault.

9 ダイエットした方がいいわよ。
You should go on a diet.

10 予約を入れることをお勧めするわ。
I recommend you make a reservation.

• •

⓫ 元気出して！
Cheer up!

⓬ あきらめないで頑張って。
Just hang in there.

⓭ 大丈夫だよ。
It'll be all right.

⓮ きっとうまく行くわよ。
I'm sure it'll work out.

⓯ 気の持ちようだよ。
It's all in your mind.

⓰ そんなささいな問題で悩むのはやめよう。
Let's not worry about such trivial issues.

⓱ 過去のことをくよくよ悩むべきじゃないわ。
You shouldn't dwell on the past.

⓲ 悩んでいるようね。
You look distressed.

⓳ 決められないよ。
I can't make up my mind.

⓴ 途方にくれちゃうよ。
I'm at a loss what to do.

INDEX

INDEX

INDEX

INDEX

さ

し

INDEX

INDEX

INDEX

INDEX

INDEX

INDEX

INDEX

231

●監修者紹介

宮野智靖 *Tomoyasu Miyano*

広島県出身。ペンシルベニア州立大学大学院スピーチ・コミュニケーション学科修士課程修了（M.A.）。現在、関西外国語大学短期大学部教授。 主要著書：『こなれた英語を話すテクニック』（DHC）、『みんなの英文法マン』『この84パターンで世界中どこでも通じる英会話』（以上、Jリサーチ出版）、『スコアが上がるTOEIC® L&Rテスト本番模試600問』（旺文社）、『TOEFL ITP® TESTリスニング完全攻略』『TOEIC® L&Rテスト究極単語ADVANCED 2700』（以上、語研）。 主要取得資格：TOEIC990点、英検1級、通訳案内業国家資格。

●著者紹介

ジョセフ・ルリアス *Joseph Ruelius*

米国ニュージャージー州生まれ。クインピアック大学卒業（英文学専攻）。ニュージャージー大学卒業（英語教育専攻）。英国バーミンガム大学大学院英語教育研究科修士課程修了（M.A.）。現在、関西外国語大学国際言語学部准教授。Podcasting を利用した語学教材の開発に積極的に取り組んでいる。各種英語資格試験にも非常に精通している。主要著書：『TOEFL®TESTリスニング完全攻略』（語研）『Welcome to USA TODAY』（開文社出版）。

森川美貴子 *Morikawa Mikiko*

山口県生まれ。関西大学文学部卒業。山一證券、国際花と緑の博覧会での勤務を経て、ロイヤルメルボルン工科大学およびAustralian College of Travel and Hospitality へ留学。帰国後は家具輸入商社マイジャパンのセールス・マネージャーとして海外出張や買い付けに飛び回り、ビジネス英語の真髄を学ぶ。「英語教育者」という天職に巡り会えてからは、自身の英語学校のみならず大学や企業においても、英会話とTOEIC 対策の熱血指導に日夜励んでいる。現在、GEM English Academy 代表。

主要著書：『TOEIC® TEST 完全模試 W』（Jリサーチ出版）、『はじめての新 TOEIC® テスト 本番模試』（旺文社）、『TOEIC®テストこれ1冊で全パートを完璧にする』（こう書房）、『TOEIC® TEST リスニング PART 3&4「設問先読み」の技術』（アスク出版）、『TOEIC®テスト やさしいリスニング』（ダイヤモンド社）、『ますますナットク！英文法』（三修社）。

本書へのご意見、ご感想は下記URLまでお寄せください。
https://www.jresearch.co.jp/contact/

カバーデザイン　中村 聡（Nakamura Book Design）
ＤＴＰ　新藤昇
ダウンロード音声制作　一般財団法人 英語教育協議会（ELEC）

新装版ネイティブ厳選 気持ちを伝える英会話 まる覚え

令和2年（2020年）5月10日 初版第1刷発行

監修者	宮野智靖
著　者	ジョセフ・ルリアス／森川美貴子
発行人	福田富与
発行所	有限会社 Jリサーチ出版

〒166-0002 東京都杉並区高円寺北2-29-14-705
電話 03（6808）8801㈹
FAX 03（5364）5310
編集部 03（6808）8806
https://www.jresearch.co.jp

印刷所	中央精版印刷株式会社